上海市哲学社会科学规划一般课题“开放和安全视角下上海自贸区离岸贸易监管制度创新研究”（No：2019BJB010）阶段性成果；

教育部人文社会科学研究青年基金项目“转型国家适宜制度对要素配置效率的影响研究：基于制度禀赋约束的视角”（No：20YJC790141）阶段性成果。

适宜制度对要素配置效率的影响研究

——基于转型国家视角的理论分析与实证检验

上海海关学院学术文库

王强 著

上海人民出版社

编委会

总　序

习近平总书记于2013年首次提出了构建人类命运共同体的倡议。以构建合作共赢为核心的新型国际关系为主线，我国推动“一带一路”倡议，积极构建新型大国关系，中国的国际形象和地位明显提升，国际影响力明显增强。中国经济的稳定发展，对世界经济的繁荣做出越来越大的贡献，越来越多的外国政府和学者也在关注世界经济中的“中国因素”。“让中国了解世界，让世界了解中国”也成为广大学者的光荣使命和不懈动力。

随着我国国际交往的日趋频繁，中国海关的国际影响力不断增强，海关国际合作已成为我国对外合作的重要组成部分。中国海关在国际合作中，根据业务改革需求，在符合中国国情的前提下，凝聚力量，增进共识，向国外提供中国海关的最佳实践经验和解决方案，共同提升世界海关的现代化水平。与此同时，中国海关不断提升国际视野，了解和研究国际海关监管趋势，努力打造先进的、在国际上最具竞争力的监管体制机制，在全球性国际海关规则制定中提升话语权。

海关总署倪岳峰署长提出了“上海海关学院要建设成为研究探索中国特色社会主义海关发展规律的主战场”，为此，上海海关学院围绕建设海关特色鲜明、服务国家战略、具有国际影响力的一流高等学府的发展目标，以需求、目标、问题、效果为导向，实施人才强校、关校融合、国际化三大发展战略，坚持立地顶天，依特做特，以特促强，走特色办学的发展之路。

特色办学离不开特色学术研究。当前，上海海关学院积极开展高水平的基础研究，对标海关实际需要开展应用研究，紧密跟踪国际海关动态开展比较研究，积极探索海关学的内涵，为海关学的创建奠定学科框架体系。在此背景下，上海海关学院发挥在国别海关研究方面的优势，组织力量围绕贸易便利化、供应链安全及跨境电商等主题开展了相关研究，形成了“上海海关学院学术文库”海关国别比较系列丛书，希冀为中国海关完善监管体制机制提供智力支持。

学科特色和水平是大学办学特色和核心竞争力的集中体现，上海海关学院不断优化学科专业布局结构，与海关总署统计分析司、研究中心以及上海市人民政府发展研究中心等建立协同创新共同体，依托“海关与经贸研究院”“海关与国门安全研究中心”等智库，聚焦学科特色发展方向，对接海关及外经贸事业发展以及区域经济社会的需求，共同开展重大课题项目攻关，提高科研创新能力和科研服务水平，提高服务海关及外经贸事业的能力。相信在我们的共同努力下，上海海关学院在海关研究领域的话语权和影响力将进一步提升，中国海关学术研究会更加繁荣。

上海海关学院校长、教授 丛玉豪

目 录

第一章

导　　论

第一节　问题的提出

无论是发达国家还是发展中国家普遍存在要素配置扭曲现象，但总体来说，发展中国家的要素配置扭曲情况要更严重。现有的研究表明，要素配置的扭曲会造成整体经济全要素生产率(TFP)的损失，因此可以说，要素配置扭曲是制约着一国生产率和经济增长的重要因素。要素配置效率问题已经受到了越来越多学者的关注。我国作为转型中的发展中国家，对要素配置效率问题进行研究和考察，是深刻理解我国在经济转型这样一个特殊时期的发展过程、探求我国下一阶段经济发展动力的必然要求。

20 世纪 90 年代以来，许多传统计划经济体制国家都在经历经济转型。这里所说的经济转型，特指从计划经济体制到市场经济体制的过渡过程，从本质上讲是一个大规模制度变迁和产业结构重组的过程，而要素配置方式的变化也是经济转型的基本组成部分。转型之后生产要素的配置方式由传统的中央计划逐渐被市场所取代，并逐步实现要素价格自由化，希望通过发挥市场的配置作用来提高要素的配置效率。计划经济体制国家向市场经济转型成为 20 世纪末人类的重大事件，它涉及 29 个国家，影响着大约 16.5 亿人的生活。回顾这些转型国家的发展历程，却呈现了不尽相同的结果。

从中国的发展历程上看，可以说经济转型取得了巨大的成功。国内生产总值(GDP)以年均超过 10%的速度增长。在刚刚过去的 2014 年，中国人均 GDP 约为 7 485 美元，[①]成功跻身“中等收入国家”之列，[②]经济建设取得了累累硕果，人民生活水平显著提高。在如此长的时间内保持高速的经济增长，可以说是世界经济发展史的一个奇迹，中国成功地走出一条具有中国特色的发展道路，对此，我们应该感到骄傲和自豪。但对于一些移植了西方发达国家自由的市场经济制度的中亚和俄罗斯等国家来说，经济转型却没有达到预期效果，国民经济经历了较大波折，尤其是在转型初期的要素配置扭曲现象不但没有得到改善，反而越发严重，阻碍了经济发展。而一些采取同样方式进行经济转型的东欧国家经济状况相对要好些，国民经济并没有出现巨大的波动。仅从中国和其他转型国家的经验来看，市场化改革对转型国家国民经济具有明显的异质性影响。

现有研究已经证明了，要素配置扭曲产生的原因有很多，而制度因素是其中之一。如果西方发达国家要素配置扭曲指数较低可以用较高的市场化水平来解释，那为什么很多转型国家移植了相同的经济制度却没有得到相同的效果？如果采用佛雷泽研究所（The Fraser Institute）发布的世界经济自由度指数（Economic Freedom of the World）来衡量一国的市场化水平，中国在 1995 年经济自由度指数为 52，在本书所考察的 53 个国家中仅仅排在倒数第 4 位，并且近 20 年市场化水平没有显著变化，但与此同时，中国的要素配置扭曲对经济造成的效率损失呈先降后升的 V 形曲线走势。反观俄罗斯在经历了转型初期的阵痛后，显现出较强的发展潜力，要素配置效率得到提高，国民经济也呈现复苏状态。[③]显然，仅仅考察这一时段，可以发现一国市场化水平与要素配置效率之间并不是简单的对应关系。

---

① 数据来源于中国国家统计局发布的《2014 年国民经济和社会发展统计公报》。

② 根据国际货币基金组织（IMF）官方网站发布数据显示，2013 年中国（实际人均 GDP 为 6 767 美元）世界排名第 86 位。

③ 此处使用的数据和相关计算方法在本书第六章有更详细的说明。

在这样的背景下,中国经济将会继续延续以前的辉煌,还是不可避免地陷入所谓的“中等收入陷阱(Middle Income Trap)”?①其经济增长的动力究竟在哪里?如何解释相同制度水平上的各国在要素配置效率方面的差异呢?制度与要素配置效率的联系有哪些?这些都是有待回答的重要问题。

现有的研究已经证明,生产要素配置效率的提高可以提升全要素生产率(TFP)总量。在整个国民经济中,即使微观层面上的单个企业全要素生产率(TFP)都不存在任何提升,但只要在某种制度安排下,生产要素从全要素生产率(TFP)水平较低的企业向全要素生产率(TFP)较高的企业转移,那么整个宏观经济的全要素生产率(TFP)也将实现增进。这意味着,即使不增加任何生产要素的投入,只要配置效率提升,也可以实现经济的持续增长。事实上也正如陈永伟和胡伟民(2013)所说的那样,我国经济转型之所以取得如此成绩,很大原因是通过合理的体制改革来改善了要素配置效率,使有限的生产要素向更高效率的生产企业配置所致。

需要强调的是,相对转型初期而言,我国的要素配置效率得到了很大的提升,但随着经济改革的深入,要素配置扭曲情况开始逐渐显现,如果解决好要素配置扭曲情况,我国生产率水平还有较大的提升空间。根据Hsieh和Klenow(2009)、Dollar和Wei(2007)等学者的研究结果,现阶段我国要素配置扭曲现象依然十分严重,造成全要素生产率(TFP)至少40%以上的损失。这些学者研究结论可以说明我国的经济发展面临着巨大的问题,但同时也可以看到我国经济增长的巨大潜力,只要我们积极推

① “中等收入陷阱”的概念最早出现在世界银行《2006年东亚经济发展报告》。报告指出,新兴市场国家的人均GDP突破1 000美元的“贫困陷阱”后,很快会进入1 000美元至3 000美元的“起飞阶段”。但当人均GDP达到3 000美元后,在经济发展中积累的矛盾就会爆发,其自身体制和机制的转换到达临界点。由于存在这些问题,很多发展中国家因此会陷入经济衰退和长期停滞,从而落入所谓的“中等收入陷阱”。从世界经济的发展历史上看,阿根廷、巴西是落入“中等收入陷阱”的典型案例。

进市场化改革，促使生产要素从低效率的生产部门向更高效率的生产部门流转，改善要素的配置效率，就可以为我国经济持续稳定的增长带来新的动力。从经济转型视角来分析市场化水平对要素配置效率的影响对我国下一阶段的经济改革有重要意义，同时可以为我国如何继续推进和深化市场化改革提供一定的政策建议。虽然，现有关于要素配置效率的研究已经取得了很多成绩，但关于要素配置扭曲产生的制度原因的解释及其作用机制还是有所欠缺，因此，本书在前人研究的基础上继续拓展，争取填补空白。

第二节 选题的意义

通过市场化改革对转型国家要素配置效率的影响来分析经济绩效的差异，是发展经济学的一个前瞻性课题。从理论上讲，这类研究有助于帮助人们更好地认识经济增长的过程，同时可以为人们最终解开“经济增长之谜”提供帮助；从实践上讲，这类研究有助于各个国家，尤其是处于转型时期的广大发展中国家找出经济停滞的根源、发现经济增长的新动力，并合理制定相应政策，尤其是对我国当前处于深化改革的关键时期更有较强的现实借鉴意义。因此，本选题应具有较强的理论意义和现实意义。

一、理论意义

经济学研究的永恒主题就是如何将稀缺的资源进行合理的配置以实现经济增长，进而满足人类持续发展的需求。对于经济增长的动力的研究，经济学先后经历了古典主义增长理论、新古典主义增长理论和新经济增长理论三个阶段。在这些早期的经济增长研究中，大部分是从宏观层面来分析经济增长的动力。

然而最近几年，随着信息发展和数据的逐渐可得，关于经济增长的研究逐步深入到了微观层面。Hsieh 和 Klenow(2009)开创性的研究让人们认识到,生产要素在个体生产者之间,即企业之间的配置效率也是决定经济社会全要素生产率(TFP)及经济增长的一个重要因素,其作用并不低于个体企业技术创新对经济增长的促进作用。因此说,Hsieh 和 Klenow 等学者的研究为人们理解全要素生产率(TFP)的提高提供了一个更新的视角。但是,关于要素配置效率的研究与传统经济理论的融合还未完全,尤其是从微观基础向宏观演变的理论体系也尚处于发展之中,因此关于这方面的研究又向我们提出了更多有待解决的问题。例如,究竟是什么原因造成了要素配置的扭曲?要素配置扭曲会给经济带来怎样严重的后果?要素市场的制度怎样安排才能提高要素的配置效率?市场"看不见的手"究竟能不能对要素配置效率进行改善?为什么市场化改革对转型国家的经济发展有异质性影响?要素配置扭曲与要素市场上制度安排有什么联系?对于这些问题的回答将关系到我们对经济增长因素的理解,因此说这个选题具有十分重要的理论意义。

同时,本书对适宜制度理论的丰富和拓展,也是对发展经济学和制度经济学一个有意义的补充。

二、现实意义

中国经济在经历了长期的高速增长之后,取得了举世瞩目的成就。然而,随着经济的增长,经济形势也正逐渐发生变化。转型之初的那些促进经济增长的动力正在逐渐消失,而经济增长的阻力却有上涨趋势。例如,刘易斯拐点的到来将使得中国劳动力成本大幅上扬(蔡昉,2008;Zhang、Yang and Wang, 2011),同时,资源的日渐枯竭和自然环境的恶化,使得各种能源和原材料价格不断上涨。因此,在转型之初,中国靠制度的激励机制、促进生产要素投入的方式助推经济增长的优势将逐渐消失,这也决定了传统的"粗放型"增长模式已经不再适合中国经济未来的发展。在创新效率低下、创新人才缺乏的情况下，技术进步短期内很难实现，这些问题又制约着中国向“集约型”经济增长模式转换的步伐。未来中国经济增长的动力在哪里？这已经成为当前政策制定者和学者最为关注的问题。

在这样的背景下，关于要素配置效率的研究将为中国经济寻找新的增长动力提供支持。中国要素配置扭曲的存在降低经济社会的全要素生产率(TFP)，这意味着要素配置的效率并没有达到最优的状态，同时也从另一个方面反映出了中国经济本身依然蕴含着巨大的发展潜力。而要想开发这种潜力，就必须弄清楚要素配置扭曲产生的原因，以及应对要素配置扭曲的手段，从而将经济发展的潜力变成真正的动力。然后根据研究的结论，才能制定出可行的、有针对性的政策，让要素的配置变得更有效率。本书对于要素配置扭曲产生的制度原因，以及中国下一步如何进行市场化改革作了较为深入的探讨。另外，本书基于转型国家的视角来进行研究，对其他转型国家在进行市场化改革进程中过渡性的制度安排也有一定的指导意义。因此，本书的选题应具有较强的现实意义。

第三节　研究方法

本书的研究是在大量的相关文献，以及数理模型和统计数据的基础上进行的。全文基于转型国家的视角通过理论分析与实证检验的方法对要素配置扭曲产生的制度原因进行研究，同时对市场化改革对转型国家经济绩效异质性影响进行解释。在此基础上对中国的转型经验进行分析，由此得出具有可行性和针对性的政策建议。本书采用的研究方法主要包括：

一、理论模型和计量分析相结合

经济的理论模型是对现实经济社会的抽象，运用数学的手段对理论模型的推导可以清楚地表述相关经济变量之间的关系。通过建立模型说明转型国家在进行市场化改革过程中，要素配置方式的制度变迁上应有一个最优的动态变迁速度，即适宜制度。为了说明适宜制度的内生性，本书构建了制度偏离这样一个参数，来刻画要素配置方式的实际制度与适宜制度之间的偏离程度。然后继续拓展 Hsieh & Klenow(2009)模型，通过构建一个两要素的、跨部门的完全竞争模型来对要素配置效率进行计算，以此来衡量生产要素配置扭曲对全要素生产率(TFP)造成的损失，从而利用制度偏离来解释要素配置扭曲产生的制度原因。然后利用 53 个国家 1995—2012 年的数据进行计量分析，并根据实证分析得到的参数进行了检验、模拟等工作，在此基础上对中国的转型经验进行分析，得出中国经济增长的潜力和动力。

二、宏观和微观视角相结合

从选题上看，本书研究内容是转型国家视角下市场化改革对经济绩效等宏观问题的考察，尤其是要素配置方式的制度变迁过程中适宜制度的决定，必然要在宏观视角下来进行研究。但与以往关于经济增长的研究不同，在对要素配置效率的考察中，本书又选择在微观主体——企业间的配置效率来进行考察。在具体操作上，本书利用翔实丰富的宏观数据分析了市场化改革对转型国家经济绩效的异质性影响，以及适宜制度对要素配置效率的影响机制，并通过计量分析进行了检验，因此可以说，本书较好地利用了宏观和微观视角的相结合的分析方式。

三、数值模拟

通过计量统计的方法来进行经济学研究，以便能够通过数据分析来模拟出现实中经济变量之间相互关系和影响程度，但这些工作能够顺利完成的前提是必须有充足而准确的统计数据。事实上，从现实经济中抽象出来的经济变量，有许多是无法通过统计机构找到适合衡量其具体指标数值的，因此数值模拟的方式可以在一定程度上来弥补这一计量方法的缺陷。通过合理的模拟，对一些关键变量的进行数值上的量化，在此基础上借助计算机统计软件的分析，就可以对经济现象进行还原和分析，达到我们研究的目的。比如，本书在第六章就使用该方法用 OECD 国家数据模拟了适宜制度的指标数据。

第四节　本书创新点和贡献

本书的创新点和贡献主要表现在以下几个方面：

一、丰富和发展了适宜制度理论

自从 Gerschenkron(1962)提出适宜制度的概念后，经过 Acemoglu et al.(2006)等学者的继续发展，已建立起一个适宜制度和非收敛的“制度陷阱”模型，从理论上解释了不同的制度适用于不同的技术创新模式，与世界前沿技术差距不同的国家，其适宜的制度是不同的。在上述学者研究的基础上，本书继续丰富和发展适宜制度理论，提出转型国家的适宜制度指在生产要素的配置方式上，市场和非市场(如政府宏观调控)方式调节边界的动态变化，不仅仅要与技术创新模式相适应，还要与本国的资源禀赋和制度禀赋(包括经济发展水平、文化传统、外部环境等因素)相适应，并且要根据条件的变化进行动态的调整。为了表示适宜制度内生性的问题，本书又构建了一个参数来刻画实际制度与适宜制度的偏离程度，来解释要素配置效率的制度原因。

二、从转型国家制度变迁的视角

以往关于要素配置效率的研究，大部分集中于发达国家或者其他新兴市场国家。本书首先从转型国家市场化改革的视角，结合转型最优速度理论的 A-B 模型和 C-R 模型，说明转型国家在要素配置的制度安排上存在一个适宜的变迁速度，即适宜制度，同时分析了制度偏离对要素配置扭曲的影响路径和机制。利用制度偏离这一概念来解释要素配置扭曲产生的制度原因，研究对象几乎包含了所有重要的转型国家（共涉及 26 个转型国家），时间跨度包含了转型初期到最近几年的转型全过程（从 1995 年至 2012 年），对转型期市场化改革对经济绩效的异质性影响和要素配置效率情况进行了系统和全面的分析，这一研究框架弥补了现有文献研究的不足。

三、对适宜制度和制度偏离进行数值模拟

以往关于要素配置效率的研究，在方法上大多是通过数据包络分析（DEA）和随机前沿分析（SFA）这两种方法来实现，这两种方法虽然能说明要素配置效率对一国或一地区的经济绩效的影响，但却不能说明要素配置扭曲的来源，更不能说明制度变迁与要素配置扭曲的联系。本书通过对适宜制度和制度偏离进行数值模拟，对要素配置扭曲产生的制度原因通过计量统计的方法进行解释和验证，在此基础上对我国现阶段市场化改革情况进行分析。因此，这个方法是本书对要素配置效率相关研究的一个创新，弥补了这方面研究的不足。另外，本书只想说明要素配置扭曲产生的制度原因，并不一定要准确计算出适宜制度的具体数值，所以这样估算出的适宜制度水平并不会产生系统性的偏差。

四、对中国转型情况进行分析

首先，从要素配置情况来看制度变迁效率的理论和实证研究文献本就不多，专门针对转型国家视角的文献就更少了。针对中国要素配置效率的研究文献也大多侧重于要素配置扭曲对经济绩效造成的影响，而对

于原因的考察，也都是笼统地说明制度约束的存在。本书第一次从转型国家市场化改革适宜制度的视角，从劳动力和资本制度变迁最优速度等多重角度在理论和实证上对要素配置效率的问题进行了系统和全面的分析，对中国未来如何深化改革提供一定的依据和政策建议。

第五节　研究内容和主要框架

一、研究内容

本书其余章节研究内容和结论，安排如下：

第二章是文献综述。本章简要回顾了经济增长理论对于国际间收入差距和经济增长动力的解释，同时梳理了制度经济学发展脉络。最终发现 TFP 差异是造成国际间人均收入差异的重要原因，而要素配置效率差异会影响 TFP 水平。随后，本章梳理了关于要素配置效率的最新研究进展，介绍了相关经验研究和应用，以及对要素配置扭曲产生原因的探索。现有研究发现，发展中国家的要素配置扭曲情况要比发达国家更严重。因此，本章在适宜制度理论的基础上，继续拓展了适宜制度的内涵，以此对国家间要素配置效率的差异进行解释。

第三章实证检验了市场化改革对转型国家经济绩效的异质性影响。本章用美国传统基金会发布的经济自由度指数来衡量转型国家的市场化水平，同时利用 1995—2012 年的面板数据对 26 个转型国家的市场化水平与人均产出之间的关系进行了实证分析。实证结果表明，经济自由度指数与人均产出之间并没有显著关系，甚至在引入经济自由化指数以后，资本和劳动力对经济增长的贡献度反而降低了。尽管现有研究已经证明，市场化水平的提高对经济绩效有积极影响，但这种影响并不是简单直接的，它应该取决于一个国家诸多方面的因素。然后，本章对这种异质性影响产生的原因进行了分析。

第四章在最优转型速度理论 Aghion-Blanchard 模型的基础上推导出一个合理的制度变迁过程来推进市场化改革的速度，可以得到一个最优的失业率水平，使劳动力资源配置效率达到最优，即适宜制度的动态变化。同样，建立在一般均衡方法之上的 Castanheira-Rolan 模型从资本市场和资本积累的角度出发，同样解释了资本配置效率达到最优的适宜制度动态变化路径。

第五章通过构建一个由要素配置上具有异质性地位的企业不同的决策模型来说明要素配置扭曲产生的机制。分析发现，要素配置扭曲的存在对经济系统产生了一系列影响。为了衡量要素配置扭曲对经济绩效的影响，本章在 Hsieh 和 Klenow(2009)和朱喜等(2011)的模型基础上构建一个两要素跨部门的完全竞争模型来核算要素配置效率。

第六章对53个国家(26个转型国家和27个 OECD 国家)1995—2012年的跨国数据进行实证分析，验证了制度偏离对要素配置效率具有负面影响假说。因此，转型国家在经济转型过程中应着眼于适宜制度，降低制度偏离水平。

第七章对中国的经济转型经验进行分析，发现：1995—2012年中国的经济自由度指数没有发生显著变化，但随着经济的发展，2012年估算的中国适宜的经济自由度指数应该达到68.7，这与中国实际51.2的水平形成了偏离，符号为负。进入21世纪以后，中国的制度偏离开始有了一定幅度的增大，同时造成了要素配置扭曲指数的提升。用1998—2007年的工业企业数据，实证考察了中国经济转型进程中市场化水平变化对企业全要素生产率和要素配置效率的影响。发现市场化水平的提高对契约密集度、无形资产和研发密集度高的行业促进作用更大。

第八章是主要结论与政策建议。

二、主要框架

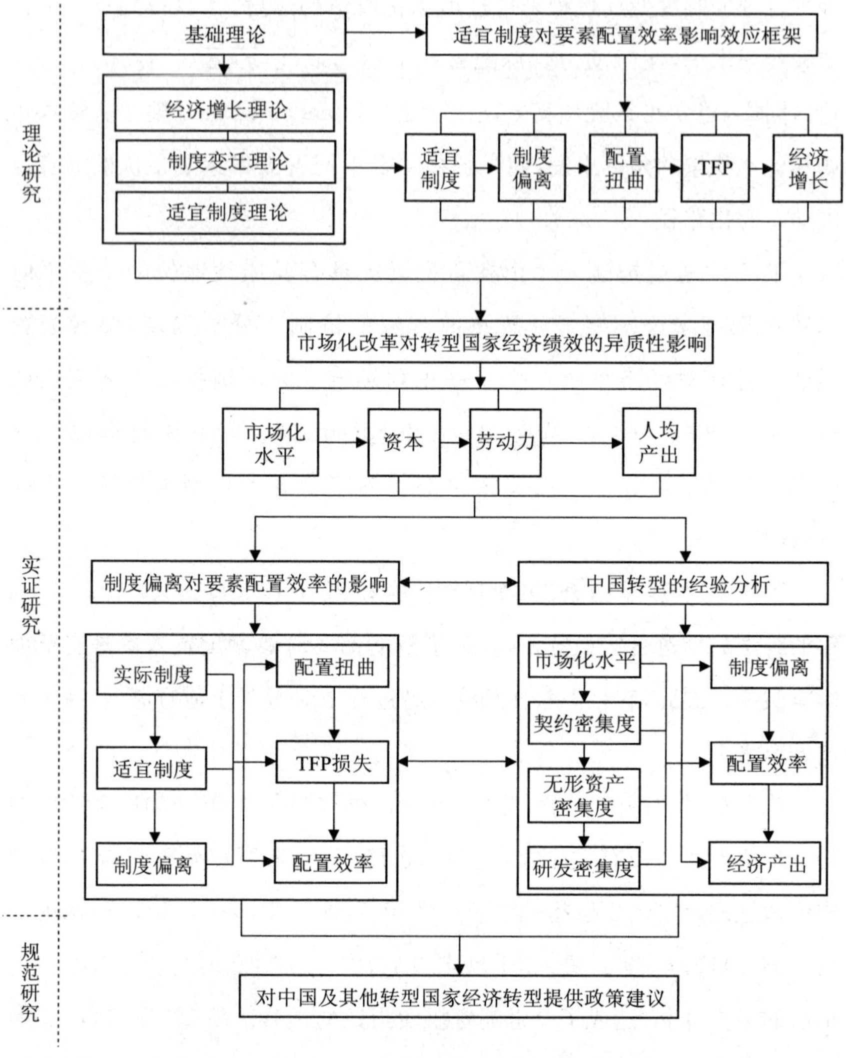

图 1.1　论文研究框架

第二章

文献综述

第一节　经济增长动力和国际收入差距:理论与经验

经济增长的动力是什么?是什么造成了国际间的收入差距?这是所有经济学者不断探究的问题。但对于这个问题的答案,正如 Samuelson (1976)说的那样,“还没有一个真正令人满意的答案”。根据 Klenow(2006)的研究,全世界人均 GDP 排行前 10%的国家是后 10%国家的 25.6 倍,并且这种国际间收入差距并没有收敛的趋势。

对于经济增长的动力的研究,经济学先后经历了古典主义增长理论、新古典主义增长理论和新经济增长理论三个阶段。古典主义增长理论指出的经济增长的源泉是生产要素(资本、土地)投入的增加以及拓扑性机制(社会分工)。古典主义的学者更加重视自然资源在经济增长中的地位,而没有重视技术进步的连续性,因为自然资源在生产中存在边际效益递减规律,因此,古典主义增长理论认为经济增长不具备延续性,因此被称为“悲观的经济学”(Simith, 1776; Malthus, 1798; Richardo, 1817)。

以 Solow(1956)为代表的新古典主义增长理论提出的核算框架,认为经济增长可以来自两部分,一是来自生产要素投入的增加;二是来自全要素生产率(Total Factor Productivity,简称 TFP)的提升。从长期看来,经济增长只能借助于技术进步。而且在长期内,所有经济体都可以得到相同的技术,资本在全球范围内可以自由配置,因此,在资本要素边际报酬递减规律的作用下,后起国家的资本积累速度应高于先行国家,其经济增长速度因此也应该快于先行国家,从而实现后起国家向先行国家的收敛。但实际情况是,大部分后起国家并没有缩小与先行国家之间的差距(Romer, 1994)。新古典主义增长理论虽然将技术进步看作经济增长最终的决定因素,但其将技术进步假设成外生变量排除在模型之外,从而使得模型无法说明全要素生产率提升的来源。

为了解决新古典主义经济增长理论技术外生假设的缺陷,以 Paul Romer(1986)、Lucas(1988)为代表的经济学家提出了技术进步内生增长模型,把经济增长建立在内生技术进步上,建立了新(内生)经济增长理论。新经济增长理论将知识和专业化的人力资本引入经济增长模型,认为具有知识和专业化的人力资本积累可以产生递增收益,并且可以使其他要素的投入也产生递增收益,进而使总的规模报酬收益递增,从而解释了经济增长的持续和永久动力。同时,新经济增长理论强调了发展中国家在经济发展过程中对外开放的重要性。新经济增长理论认为,各国之间发展对外贸易不仅可以增加商品贸易的总量,而且可以加速世界先进知识、技术和人力资本在世界范围内的传递,使参与贸易各国的知识、技术和人力资本水平得到迅速提高,获取"边干边学"和知识外溢效应。

由此可见,技术进步对全要素生产率(TFP)的巨大推动作用,进而对经济绩效的促进作用,已经在经济增长理论中得到广泛的认可和实证上的支持。但是,最近的研究发现,全要素生产率得到提升的另一个重要来源是生产要素的配置效率。在整个经济社会中,即使任何生产个体的全要素生产率(TFP)都没有得到提升,但只要在某种机制下使得生产要素从全要素生产率(TFP)较低的生产个体向全要素生产率(TFP)较高的生产个体转移,那么整个经济社会的全要素生产率(TFP)总量也会实现增进。这就意味着,经济社会在不增加生产要素的投入、技术没有进步的情况下,只要要素配置效率的提高,同样可以实现全要素生产(TFP)的增进,进而实现经济增长。

由此,对经济增长的研究开始了一个新的领域——制度经济学。按照新制度经济学的观点，技术进步依然只是“传统资源禀赋”的延伸，是经济增长的现象而非经济增长的原因，因为技术创新本身可能是制度激励的结果，因而一个合理的制度安排才是经济长期增长的关键要素。新制度经济学的出现，尤其制度变迁理论的提出，将制度作为一个变量正式纳入经济增长的分析中来，但由于制度因素在研究中难以量化，因此在早期的相关研究多为定性研究。

在制度经济学家看来，经济长期增长的根本原因是制度变迁，而通过制度变迁、通过对生产要素的激励和约束两大基本功能对经济增长产生影响。因此，制度和技术都被看成社会经济体系的内生变量，并且根据制度变迁与技术创新来解释经济长期增长的原因。当某种制度能够有效地内生化外部效应，就可以促进经济增长，因此经济增长的动力应该是由制度安排的改善决定的（诺斯、托马斯，1973）。新制度经济学的理论在新（内生）经济增长理论的基础上又实现了一次重大突破。

事实上，中国经济转型的成功在很大程度上正是通过合理的制度变迁让生产要素向高效率企业配置所致（陈永伟和胡伟民，2013）。既然全要素生产率（TFP）的增进将是经济增长的最重要动力，那么决定中国及其他转型国家经济增长的关键依然是全要素生产率（TFP）能否实现持续的增进。

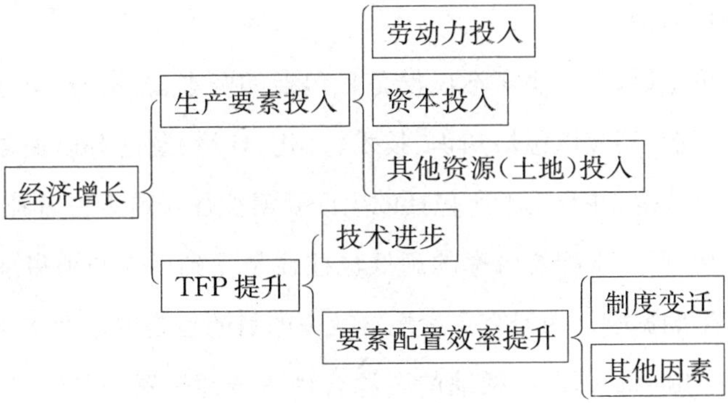

图 2.1　经济增长因素分析

第二节　全要素生产率(TFP)与要素配置效率

现代经济学对经济增长动力和国际间收入差距的研究,先后经历了古典主义增长理论、新古典主义增长理论和新经济增长理论三个阶段。尤其是在 Solow(1956)模型成功地解释了美国经济的长期增长原因后,创立了新古典增长理论后开始有了标准的分析框架。生产要素的投入以及全要素生产率(TFP)的增长成为经济增长动力和造成国际间收入差距的解释。通过无数经济学家大量的理论和实证研究,经济学界终于可以达成一个共识,即全要素生产率(TFP)是解释国际收入差距的重要原因之一。

一、关于资源和要素概念的界定

经济学领域关于资源的概念可以从狭义和广义两个角度来理解。狭义的资源概念仅仅是指自然资源;而广义的资源概念不仅仅包括自然资源,还应该包括以稀缺性和有用性为前提,可作为生产要素投入到社会生产中,能够创造价值的、影响人类经济活动的各种社会资源,包括所有人力、物力和财力(实质和抽象两种)的总和,因此,资源在一定程度上是生产要素的代名词。

从理论上讲,生产要素不仅仅是只包括如资本、劳动力、土地等形态的生产性资源,还应该包括知识、技术、文化、环境、制度等以抽象形式存在的生产性资源,并且后者所包括的生产要素往往对前者有着补充、决定和限制作用,而要素配置效率的高低也往往是受到后者与前者能否相互融合而产生的影响。而研究要素配置效率的目的也是继承经济学研究的根本目标:如何将有限的、稀缺的资源合理有效地配置到各经济主体中,以使得整个经济活动达到最优化。

二、全要素生产率(TFP)定义及其差异

经济学研究中经常用生产率来衡量生产的效率。比如,投入一定数量的生产要素而获得多少产出,或者是在得到一定产出的同时需要投入多少的生产要素等等。因此,经济学家经常用产出和投入之比来测度生产率的高低,投入一单位的某种生产要素得到产出的多少,即为该种生产要素的生产率。比如,劳动生产率是经济学中常用的一种单一要素生产效率的形式。但正如前文所述,生产要素的投入以及全要素生产率(TFP)的增长成为经济增长动力和造成国际间收入差距的解释,所以,现在经济学关于效率的研究中,越来越多地使用"全要素生产率(TFP)"的概念。

Hall & Jones(1999)曾对1988年127个国家人均GDP进行研究,将一国的人均产出分解为资本产出比、人均资本存量和全要素生产率(TFP)三部分的乘积,然后各国之间进行对比。发现排名前五位国家的人均GDP的几何平均值是排名最后五位国家的31.7倍。如果进一步分析造成这种差距的原因,前五位国家的资本密集度是后五位国家的1.8倍,人均人力资本是2.2倍,而全要素生产率(TFP)为8.3倍,也就是说如果让这10个国家拥有相同的全要素生产率(TFP)水平,那么这个差距则要缩减到4倍以下,通过这个研究可以发现全要素生产率(TFP)在解释国际间经济增长差异的重要作用。从以下几个例子来看,就更能说明问题。比如,当时苏联的资本密集程度比美国高,如资本密集程度与人力资本的乘积就与美国相当,但苏联的全要素生产率(TFP)水平却只达到美国47%左右,这就直接导致人均产出也只是美国的42%。同样的,如果假设当时的中国能达到美国的TFP水平,那么中国的人均产出与美国相比由只有美国的6%上升到50%以上,具体情况详如表2.1所示。为了便于比较,假设美国各项数值为1,其他各国数值都是与美国的比值。

表 2.1　1988 年各国人均 GDP 发展核算(与美国比值)

国　家	人均 GDP	资本产出比	人均资本存量	TFP
美　国	1.000	1.000	1.000	1.000
加拿大	0.941	1.002	0.908	1.034
西　德	0.818	1.118	0.802	0.912
法　国	0.818	1.091	0.666	1.126
英　国	0.727	0.891	0.808	1.011
日　本	0.587	1.119	0.797	0.658
墨西哥	0.433	0.868	0.538	0.926
阿根廷	0.418	0.953	0.676	0.648
苏　联	0.417	1.231	0.724	0.468
印　度	0.086	0.709	0.454	0.267
中　国	0.060	0.891	0.632	0.106
肯尼亚	0.056	0.747	0.457	0.165
扎伊尔	0.033	0.499	0.408	0.160
127 国平均	0.296	0.853	0.565	0.516
标准差	0.268	0.234	0.168	0.325

那么,全要素生产率(TFP)究竟是什么? 根据定义,它是衡量除资本、劳动力等生产要素以外的"所有影响产出的其他因素",即发展或增长核算的未解释部分,又称为"索洛残差"(Solow residual)。由于它衡量了在同样数量生产要素投入的情况下所得到的不同产出,而在早期的经济学文献中最先得到的解释就是技术水平的差异(如 Solow, 1956)。因此,全要素生产率(TFP)在相当长一段时间内被视为"技术水平"的代名词,这一观点对全世界的学者和政策制定者都产生过重要影响。正如前面所说,由于生产要素数量和质量差异无法作出调整,那么技术差异就可以使得生产效率产生不同,因此,各国的政策制定者把加大研究与开发投入、支持科技创新等手段作为增进全要素生产率(TFP)、改善国民收入的主要途径。

但随着经济学研究的不断发展,经济学家们发现简单地将全要素生产率(TFP)归结为技术水平并不确切。Syrquin(1986)在 Solow 模型的基础上继续拓展，将经济中全要素生产率(TFP)分解为各个行业的TFP以及各行业之间生产要素的配置效应。研究发现，即使各行业的全要素生产率(TFP)水平不发生任何改变，只要对各个行业之间的生产要素进行重新配置，同样可以实现生产效率的改进。因此，经济学家们对全要素生产率(TFP)的研究开始转向对要素配置效率的研究。例如，Baily et al. (1992)研究发现，20世纪80年代的美国制造业生产率得到很大提高，其中，生产要素从低效率生产厂商向高效率生产厂商的重新配置作出近一半以上的贡献。随着信息的推广和数据的可得，要素配置效率对全要素生产率(TFP)的影响，开始从产业层面逐渐深入到微观层面，如企业层面。但首次从发展经济学视角将要素配置效率引入增长理论来解释各国之间收入差别的，是从Banerjee & Duflo(2002、2005)的研究开始的。Banerjee & Duflo(2005)研究发现要素在微观行为主体之间的配置扭曲是导致全要素生产率(TFP)损失的重要原因，具体来说也就是：一国内部生产厂商之间更大的全要素生产率(TFP)差异会降低一国总体全要素生产率(TFP)差异。根据该理论，可以解释"卢卡斯之谜"(Lucas, 1990)：发达国家人均资本存量要远高于发展中国家，而根据经济学中边际产出递减原理，发达国家资本边际产出应低于发展中国家，因此，资本在国际间的流动应该从资本边际产出低的发达国家流向边际产出高的发展中国家，但现实为什么不是这种情况？Lucas对此的解释是，尽管发展中国家人均资本存量很低，但更低的全要素生产率(TFP)使得资本的边际产出并没有高过发达国家，因此，资本国际间的流动没有出现从发达国家转向发展中国家的情况。

此后，开始有了更多关于微观层面要素配置效率对全要素生产率影响的文献。其中比较具有代表性的有，Dollar & Wei(2007)对12 400家中国企业的资本数据进行分析，发现如果这些企业资本配置减少扭曲，提高配置效率，即使不增加如何投入，产值还可以提高5%以上。Hsieh &

Klenow(2009)研究发现,如果中国消除资本和劳动的配置扭曲,那么中国的全要素生产率(TFP)可以提升大约25%～40%;如果印度消除资本和劳动的配置扭曲,则印度的全要素生产率(TFP)大约提升50%～60%;Restuccia & Rogerson(2008)研究发现,美国要素配置的扭曲使得整个经济社会的全要素生产率(TFP)水平下降30%～50%。

三、要素配置效率的定义和度量

经济学关于要素配置效率的研究主要是要素配置的非效率对经济绩效的影响。相关文献集中在两个部分,一部分文献是关于要素配置扭曲(Distortion)的研究;另一部分文献是2007年以后形成的资源错配理论(Misallocation),该理论的研究也是以研究要素配置扭曲和扭曲原因为基础的。因此,要素配置扭曲理论与资源错配理论都能从不同方面说明要素配置效率情况,但这两个理论还是存在区别:一是两者的概念和理论基础、研究框架存在区别。要素配置扭曲理论认为配置扭曲是因为要素的边际产出与完全竞争状态下要素市场出清价格产生偏离,但在扭曲程度的度量上,这些研究并没有给出具体、有效的测量方法,同时在研究框架上也没有形成一个从微观基础到宏观层面的系统性的一般均衡框架;因此,在传统要素配置扭曲理论的基础上,Hsieh & Klenow(2007)构建起了一套从微观层面到宏观经济影响效应的系统的理论分析框架,形成的资源错配理论。但由于引起要素配置扭曲原因错综复杂,国外文献并没有对"资源错配"的具体概念形成统一认识。第二个区别是研究范围有所差异。对要素配置扭曲的研究不仅包括政策、制度、价格等对造成要素配置扭曲原因的解释,还要涉及要素配置扭曲对经济绩效影响过程和影响结果的研究,但资源错配理论研究重点是资源错配过程和错配造成的结果,对要素产生错配的原因却鲜有研究。

对此,对于要素配置的非效率现象,经济学家们的研究主要从两方面来进行：一是针对单要素市场的绝对扭曲情况进行研究，如 Samuelson(1941)、Lau 和 Yotopoulos(1971，1972，1973)、Atkionsone et al.(1980)等学者的研究，表明某一单个要素市场的绝对扭曲主要表现是该要素的边际产出与产品价格并不相等；二是针对多要素(两种或两种以上)市场的相对扭曲情况进行研究，主要学者有 Johnson(1966)、Muncnak(1970)和 Maggie(1973)等，这些学者认为多要素市场的相对扭曲可以用不同部门之间要素价格利率比值的差异来表述，也就是说当一个部门投入的要素价格利率与另一部门投入的相同要素价格利率之间有差异，那就说明要素市场就存在相对扭曲。

针对以上学者的研究情况，可以得到本书研究的要素配置效率的定义：要素配置效率相对于要素配置的非效率，配置的非效率是指在制度安排、市场势力、政府管制、信息非对称、对外贸易等因素的影响下，使要素的配置比例与生产自然技术要求的最优结构的发生偏离，从而引起了生产效率的损失，导致产出无法实现最大化的状态。从微观层面来说，要素配置的扭曲使得企业要素的投入与最优投入比例产生偏差，从而使得各企业之间的产出生产效率出现差异，具体表现为企业投入的相同生产要素的边际产量不相等；从宏观层面上说，要素配置扭曲的存在会引起整个经济社会产业结构的变化，以及产业内、产业间、区域间等于最优配置结构和配置比例发生偏离的现象。在以上学者研究基础上，有越来越多的学者从不同方面对要素配置扭曲进行度量和研究。比如，Hsieh & Klenow(2009)利用要素的边际产出相对差额对要素配置扭曲程度进行度量，并在此基础上分别研究了中国和印度要素配置扭曲对制造业全要素生产率(TFP)的影响；Chari et al.(2002)、Restuccia & Rogerson(2008)等学者使用要素流动摩擦障碍(要素投入的税收比例)来衡量要素扭曲程度，AoKi(2008)用此方法考察了发达国家的要素配置扭曲对生产率的影响；Miyagawa，Fukao，Hamagata and Takizawa(2008)也使用相同方法对日本不同部门间要素配置扭曲对全要素生产率(TFP)的影响进行研究。要素配置扭曲对经济绩效的影响近年来也受到越来越多国内学者的关注,如朱喜等(2011)、袁志刚和解栋栋(2011)、聂辉华和贾瑞雪(2011)也都从不同方面实证考察了不同部门间的要素配置扭曲与生产率关系。

四、要素配置扭曲原因的探索

从近年来的关于国别经济比较研究文献来看,要素配置效率已经成为解释国际间经济绩效差异的重要因素。正如前文所说,既然要素配置扭曲会导致经济社会总量全要素生产率(TFP)的损失,那么又是什么原因造成了要素配置的扭曲呢?总的来说,可以从以下几个方面来分别考察:

第一,制度的约束。产生要素配置扭曲的原因有很多,制度约束是其中一个重要因素。关于这方面的研究,国外学者开始得较早,比如,Hopper(1965)、Sahota et al.(1968)、John(1971)和Tobin(1972)等学者分别从不同方面验证了要素配置扭曲会抑制一国的经济发展,同时认为制度约束的存在将要素市场分割,形成要素流动壁垒,生产要素无法在市场上实现自由流动,要素的实际价格与自由市场出清价格存在偏差,因此无法实现生产要素的最优配置。而Kornai(1986)从预算软约束角度出发验证了政府管制是要素配置扭曲产生的重要原因,尤其是国有企业在经济社会的特殊地位加剧了要素配置的扭曲。Kumbhakar(1992)通过对美国航空业的要素配置情况进行研究,发现非市场因素配置资源的方式导致了美国航空业要素配置出现扭曲,使得航空企业的工作重心从追求经济效率和技术创新转向寻租,也验证了以上学者的观点。

另外,一些在制度安排上出现的不恰当的产业政策也会造成要素配置的扭曲。比如,要素配置方式上,对某些企业进行扶持或者抑制,对新企业进入市场采取管制方式等,都会造成较严重的要素配置扭曲。

Guner、Ventura & Xu(2008)发现,很多国家在制度安排上都有扶持鼓励中小企业发展、限制大企业规模的政策,这样的制度存在使得中小企业可以比大企业付出更小的成本使用生产要素,限制了企业的规模效应,生产要素流动更低效率的中小企业造成了要素配置扭曲,使经济社会的全要素生产率(TFP)总量和产出都出现损失。Peek & Rosengern(2005)发现日本政府会采取一些政策,鼓励银行对弱小企业的债务实施“延期偿还”(Evergreening),这种政策的实施会对要素配置效率产生影响。银行在这些政策的鼓励下,让更多的宝贵资本要素配置到了效率更低的小企业中,影响了要素配置效率的提高。Barseghyan & Dicecio(2009)曾对进入管制最严的国家与进入管制最松的国家进行对比研究,发现由于这种制度造成的全要素生产率(TFP)损失前者比后者高出了1.5倍左右。

第二,资本市场造成的扭曲。资本作为生产部门最重要的生产要素之一,对整体宏观经济起到关键作用。因此,资本市场在资本的配置方式上如何发挥作用,对个体生产部门获得资本的成本产生重大影响,进而影响到资本在整个经济社会的配置效率情况。正是由于资本要素对于宏观经济的重要作用,因此,近年来研究资本配置的文献也越来越多。比如,Buera、Kaboski & Shin(2011)研究发现,资本市场的摩擦会导致资本在企业间配置的扭曲,而且还会影响到企业家的创业行为。因此,地区之间资本市场的发展情况,能够部分解释各地区间全要素生产率(TFP)和收入差异。Kalemli-Ozcan & Sorensen(2012)对非洲十国的资本市场进行研究,发现金融可及性(Access to Finance)对资本的配置效率有重要影响。具体来说,金融可及性越差的国家,资本的边际产出越高。Ziebarth(2012)研究发现,美国在1929—1933年的经济大萧条时期,整个经济的全要素生产率(TFP)总量下降了大约18%,其中有四分之一至一半的比例是由于要素配置扭曲造成的。尤其是资本要素。银行为了降低风险,提高了高效率企业的融资成本,造成了资本配置的扭曲。

关于资本配置扭曲产生的原因，McKinnon(1973)指出金融抑制导致资本市场分割，使易获得金融资源的部门受益，难以获得金融资源的部门受损，产生配置扭曲，不利于国民经济的发展。胡和立(1989)很早就对我国资本市场的扭曲进行研究，发现资本扭曲的原因是我国存在金融抑制制约了资本市场的发展，资本的实际利率低于市场出清利率。卢峰和姚洋(2004)也对资本市场的扭曲进行了分析，发现由中央银行制定的利率远远低于资本市场出清的实际利率，国有银行的垄断地位会导致严重的信贷歧视，使国有企业的贷款成本低于私人部门的贷款成本。

第三，劳动力市场造成的扭曲。在早期要素配置效率的研究文献中，专门研究劳动力市场扭曲的并不多。这是因为，劳动力市场扭曲程度与资本市场扭曲程度相比情况要好一些，尤其是在一些发达国家里，劳动力市场的扭曲对经济的负面影响要比资本市场小。因此，出于对问题简化的考虑，大部分对发达国家要素配置效率研究的学者忽视了劳动力市场扭曲的情况。不过，最近的一些研究表明，在发展中国家，劳动力市场扭曲情况依然严重，对经济还是造成了巨大的负面影响。因此，对发展中国家或者是转型国家的研究，简单地忽视劳动力配置扭曲并不十分妥当。Ho(2010)发现，印度对劳动力市场实施十分严格的管制制度，比如，对工人工作时间、辞退的政策和补偿等都有严格的规定，这些管制制度对劳动力的流转造成了严重的制约，因此，劳动力的配置效率受到了很大负面的影响。根据估算，这种劳动力管制制度对印度全要素生产率(TFP)总量大约造成了5%～8%的损失。Micco & Repetto(2012)同样考察了智利的劳动力市场，发现智利劳动力的配置效率在近30年里处于上升趋势，但上升速度缓慢。因此，智利劳动力配置效率依然有提升空间，如果劳动力市场纠正了全部的扭曲，会给智利的全要素生产率(TFP)总量带来25%左右的提高。

以上学者研究表明，生产要素配置扭曲产生的原因很多，但通过制度变迁，比如，减少政府管制，提高市场化水平，将有助于打破要素市场分割的局面，进而提高要素的配置效率。正是基于该理论，20 世纪 90 年代，许多发展中国家开始了轰轰烈烈的由计划经济向市场经济转型之路。

第三节　制度变迁与制度效率

一、马克思经济学的制度理论

运用制度理论来论证资本主义经济运行一直是马克思进行经济学研究的一个基本特点。马克思关于制度研究的文献最早可追溯至《资本论》及其相关著作。马克思曾在《资本论》的序言中指出："我要在本书研究的，是资本主义生产方式以及和它相适应的生产关系和交换关系"，"本书的最终目的就是揭示现代社会的经济运动规律"。[①]马克思对于制度理论的研究，是通过对资本主义制度的产生、发展与灭亡进行分析。

马克思经济学的研究框架中，参与主体与西方古典主义经济学关于"经济人"的假设并不相同。马克思将社会经济参与主体看作是"一定的阶级关系和经济利益的物质承担者"（马克思著，曾先令等编译，2006）。用生产力和生产关系的矛盾变化来解释经济社会制度变迁的基本规律，并认为"在每一个历史阶段上，都存在着与当时的生产力状况相适应的生产关系和分配关系的历史形式。随着生产力的进一步发展，这个一定的历史形式达到一定的成数阶段就会被抛弃，并让位给较高级的形式"（马克思著，曾先令等编译，2006）。因此，马克思经济学对制度研究的本质是：经济主体之间的生产关系，以及这些生产关系的总和——上层建筑。

① 《马克思、恩格斯选集》第 2 卷，人民出版社 1995 年版，第 206—207 页。

从宏观角度看，马克思对制度理论的研究主要包括产权（所有制）、国家、意识形态三个方面；从微观角度看，主要涉及企业制度、企业股权结构等等。与新制度经济学的产权理论相似，马克思对制度的分析也涉及产权的研究，比如对生产资料所有制的分析，认为尽管财产产权表现为人对某种财产的占有，但这种占有本质上体现了经济社会中人与人之间的权利关系，因此，产权反映的是社会中人与人之间的经济关系，而决定这种关系的关键是生产资料的所有权和所有制。生产资料归谁所有决定了人们进行社会生产过程中处于不同的地位，对产品的分配情况也不相同。通过以上研究可以发现，马克思经济学对制度的研究在一定程度上可以看作是新制度经济学的产权理论。因此，马克思的制度理论同样被认为是制度经济学的一个重要组成部分。新制度经济学将意识形态列入研究范畴以后，North（1991）曾说过："马克思的分析框架是最有说服力的，这恰恰是因为它包括了新古典分析框架所遗漏的所有因素：制度、产权、国家和意识形态。"

二、制度经济学发展脉络

经济学关于制度理论的研究，先后经过了凡勃仑、康芒斯等人以自发秩序理论为核心的旧制度经济学和以科斯、诺斯等人以产权理论和交易成本为核心的新制度经济学。

（一）旧制度经济学

19世纪末20世纪初，凡勃仑在其著作《有闲阶级论》和《企业论》中，第一次将制度同经济学研究结合起来。认为制度的形成是个人或者群体存在的一种思想习惯，这种习惯以人的本能为最初的出发点，直至最终形成整个社会的制度。制度形成的路径是人的本能、习惯、习俗、制度。因此，制度变迁的原因也是个人或者群体思想习惯的改变或者淘汰。"制度必须随环境的变化而变化，因为就其性质而言，它就是对这类环境引起的刺激发生反应的一种习惯方式。”①

康芒斯在凡勃仑的研究基础上继续发展。康芒斯通过其著作《制度经济学》，希望通过将制度和制度变迁理论作为经济学研究的核心内容，来构建一个制度经济理论研究体系，并提出了制度经济学研究的核心内容是：“集体对个人交易关系的控制”。康芒斯关于制度研究的出发点是“稀缺性”。稀缺性的存在“不仅产生冲突，而且产生因为相互依存而建立秩序的集体行动”，因此制度就是“集体行动控制个体行动”。James(1937)认为康芒斯对稀缺性和效率的分析，已经成为经济学研究不完全竞争的基础之一。

凡勃仑和康芒斯等人的观点代表了以自发秩序为核心的制度学派，强调制度结构变迁在社会经济发展中的重要作用。而后，加尔布雷斯、缪尔达尔、Knight、哈耶克等人继承和发展该理论，他们的进一步分析和论证制度对社会的作用以及从习惯—习俗—惯例—制度的演变过程。随着新古典经济学对数学工具的大量使用，旧制度经济学倡导的实用主义哲学和本能主哲学逐渐被行动主义哲学和实证主义哲学所取代，旧制度经济学逐渐走向衰落。

（二）新制度经济学

“新制度经济学”这一概念是由 Williamson(1975)首先提出的。新制度经济学派沿用了新古典经济学的理论和研究方法对制度和制度变迁进行分析，说明制度对于经济绩效的重要作用。从“需求—供给”这样的均衡分析框架下，从需求的角度看，当制度变迁所带来的收益高于制度变迁花费的成本时，原有制度均衡就会被打破，制度变迁由此产生。由于交易

---

① ［美］凡勃伦：《有闲阶级论》，商务印书馆 2011 年版，第 149 页。

费用的存在，使得制度这一变量从过去的经济模型中的外生变量走向了内生变量。

新制度经济学代表人物之一的科斯在1937年的著作《企业的性质》中，第一次提出了交易成本理论。制度这一抽象的概念从此被理解为降低交易费用的各种法律、法规、规章、政策等等的总称。科斯随后在1960年发表的论文《社会成本问题》中指出："当交易成本为零时，不管产权是如何规定，资源的配置效率总是最优的。"这就是经济学中经典的"科斯定理"。这个理论的出现，标志着新制度经济学的成立。在这之后，交易成本理论在经济学中得到了广泛应用。经过了Arrow(1969)、Williamson(1981)等学者的发展，继续推动了新制度经济学的发展。

诺斯(North)是新制度经济学流派中另一个重要的代表性人物。以诺斯为代表的经济学家认为制度才是促进经济增长的基本因素。他们认为，科技进步、教育、资本积累等因素并不是经济增长的最根本动力，决定经济长期绩效的基本因素是制度。而诺斯对制度的定义基本等同于产权，经济增长的基础是有效率的产权。而国家作为产权制度的制定和执行者，所以，经济增长的关键是国家这一主体的行为选择。同时，诺斯提出的交易成本理论形成了制度经济学中另一个重要分支——制度变迁理论。该理论认为，新制度的形成和延续促进了经济社会变迁过程，而制度安排不仅是为了降低交易费用，同时还为了降低转型费用。

（三）新旧制度经济学的区别

首先，新旧两种制度经济学的分析方法不同。旧制度经济学以社会学、哲学等学科的理论作为分析的主要工具，而新制度经济学则使用经济学和数学的分析方法。由于研究方法的差异，也导致两个学派对新古典经济学的批判方法上有所不同：旧制度经济学以社会学、哲学等学科的理论为基础，反对传统经济学关于边际问题、产出、利润等变量的分析方式；

而新制度经济学不但不反对传统的新古典经济学的理论和分析方式，还运用该理论的方法来解释制度作为内生变量对经济的影响以及制度变迁的发生。

其次是对制度起源认知存在差异。旧制度经济学认为制度是个体“自发”产生，是从本能到习惯的延续，强调的是习惯的重复和积累，并不是一种正式规则。新制度经济学则认为制度的产生是为了降低交易成本，而制度对经济结构的影响包括正式制度，同时也包括非正式制度（文化、习惯等因素）。

三、关于制度变迁理论

（一）制度变迁与经济绩效

通过梳理制度经济学发展脉络看，从诺斯提出了制度变迁理论后，制度变迁与经济绩效的关系就成为新制度经济学的核心内容。制度变迁是指制度的替代、转换与交易过程，可以理解为一种制度对另外一种制度的替代。新制度经济学派从制度变迁的角度分析和理解经济增长，探讨制度变迁与经济绩效的关系，尤其是一个有效率的产权制度是促进经济增长的关键因素，经济增长的最根本动力是制度的变迁。

诺斯在制度变迁与经济绩效关系上的研究奠定了基础作用。他认为制度变迁可以改变微观个体的激励机制，进而促使整个经济体系的运行模型和经济绩效发生改变。诺斯利用产权理论解释了制度变迁对美国经济绩效产生的影响。与诺斯以产权理论不同，格雷夫进行比较制度分析，利用非正式制度的角度研究制度变迁与经济绩效之间的关系。罗兰对制度变迁与经济绩效之间的关系进行了数理证明，并在其著作《转型与经济学》比较了不同制度安排下的经济绩效，说明了经济体制转轨可以促进经济绩效，然后比较了“一揽子改革”与“渐进改革”这两种转型方式上取得的不同效果。而拉丰、梯诺尔等学者则着眼于个体的激励机制，从委托—代理关系出发，对动态一致性、信息不对称等理论问题进行分析，构建了宏观制度变迁—微观个体行为—宏观经济绩效之间的传导机制这样一个分析框架。

（二）制度变迁理论在中国的发展

从20世纪90年代初开始，制度经济学受到中国学者的广泛关注，主要对中国经济体制改革过程中的各种问题进行探讨。结合我国经济体制转型的制度变迁，研究领域主要集中在产权制度改革、国有企业改革、农村土地制度改革、分税制改革等等，取得了很多成绩。比如，孔泾源（1993、1994）、张军（1993）、樊纲（1993）、林毅夫（1994）、杨瑞龙（1993、1994、1998）等学者对制度变迁理论在中国的应用作了开创性研究。这些学者认为，中国在转型过程中制度变迁的方式是"政府主导型"，目的是明晰产权、降低交易成本，最终实现市场化。同时，樊纲（2000、2004）、林毅夫（2002）、张军（2004）、张五常（2004）、严冀（2005）等学者也都从正面评价了中国的经济转型取得的成绩。

汪丁丁（1992）作为国内制度经济学研究的代表人物，他认为制度变迁与技术进步对经济绩效的影响具有相似性。同时结合熊彼特的创新理论，"熊彼特的利润——为减少不确定性所作努力的报酬"是制度变迁的基本动力。林毅夫（1994）从制度不均衡的角度分析了制度变迁产生的原因。"制度不均衡的存在会产生获利机会。为得到由获利机会带来的好处，新的制度安排将被创造出来。"这种由于制度不均衡发生的制度变迁有两种方式，一种是诱致性制度变迁，另一种是强制性制度变迁。

（三）制度变迁效率的研究

传统经济学以帕累托最优作为效率的评判标准，如果经济社会达到了帕累托最优状态，则社会总福利水平达到最大化。但这种对于评判标准受到了制度经济学家的质疑。

首先是科斯在效率评判体系中引入了交易成本理论，提出了制度经济学经典的“科斯定理”：只要产权清晰界定，交易成本为零，则资源配置就能够达到帕累托最优状态。但是，现实的经济社会中交易成本不可能为零，也正因为交易成本处处存在，制度安排方式也就显得特别重要。因为制度安排不同，利益和成本的分配就不同。也就是说，帕累托最优的状态仅仅是使得社会福利总数达到最大化，却忽视了利益和成本的分配问题。因此，关于科斯定理的效率问题受到了一些学者的批判，朱富强(2010)认为：“资源配置效率并不是与产权的初始界定没有关系，在一个交易成本为零，并且可以自由交易的社会中，如果将资源初始产权界定给穷人将会产生更高的配置效率。”

诺斯通过建立模型，用交易成本的高低来判断制度变迁的效率，但同时认为，交易成本的高低并不能完全代表制度变迁的效率。比如，那些司法系统和法律制度比较健全的国家交易费用都很高，但是这种高水平的交易费用对知识产权的保护和促进经济增长都很有效率。因此，诺斯又提出了制度的“适应性效率”：即不同的微观个体同制度之间适应程度反映制度效率，制度的“适应性效率”注重的是长期的制度变迁与经济绩效的关系，本质上是社会宏观整体社会制度变迁最优的动态效率。

诺斯的观点得到许多其他学者的认同。例如，韦森(2001)认为尽管“法律规则的体系化、交往行为的规范化以及经济运行的制度化”需要较高的交易费用，但是制度安排对经济增长的促进作用更大，而如果制度缺乏对经济的促进作用就会对社会效率造成损失，甚至会抑制经济发展。但韦森对制度效率的分析还是延续了旧制度经济学的分析方法，强调了个体惯例、习俗、文化及法律制度等方面的重要性。

国内还有些学者运用古典经济学评判效率的方法:成本—收益法对制度效率进行判断。具体方式是将制度也看作是一种产品,通过衡量制度变迁的成本和收益来判断制度变迁的效率。如果制度变迁的收益大于成本,则说明新制度更有效率。如林毅夫(1994)认为,“在交易成本相同的情况下,能提供较多服务的制度更有效率,而在提供相同服务的情况下,交易成本较低的制度更有效率。”但是,制度变迁的收益和收本很难通过定量的方式将其量化,所以这种判断方式存在很多的主观性。

焦兵(2004)曾构建了一个政府主导下“强制性制度变迁”的效率分析模型,从微观个体和政府对制度效率的偏好差异视角,分析了中国石油产业制度变迁的效率。并得出结论,如果微观个体与政府之间对某种制度安排下的偏好差异越大,则这种制度的效率就越低。制度变迁的方式究竟是“强制性”还是“诱致性”取决于谁的偏好占据主导地位。

四、适宜制度内涵的拓展

“适宜制度”的概念来源于 Gerschenkron(1962)提出的后发优势理论,该理论指出,后起国家具有向先行国家借用先进技术的优势,因而可以迅速实现高工业增长率,但后起国家要想通过该优势实现向先行国家的收敛,则必须建立适宜的制度。Acemoglu et al.(2006)建立一个适宜制度和非收敛的“制度陷阱”模型,从理论上解释了不同的制度适用于不同的技术创新模式,与世界前沿技术差距不同的国家,其适宜的制度是不同的,而在早期具有促进作用的制度,在后期却不一定是适宜的,当制度不能及时转换,经济就会陷入“增长陷阱”。在此基础上,本书进一步丰富和拓展了适宜制度的内涵,所谓适宜制度是指在生产要素的配置方式上,市场和非市场(如政府宏观调控)方式调节边界的动态变化,不仅仅要与技术创新模式相适应,还要与本国的资源禀赋和制度禀赋(包括经济发展水平、文化传统、外部环境等因素)相适应,并且要根据条件的变化进行动态的调整，使制度安排有利于资源配置，较好地促进经济的发展。[①]适宜制度强调的是制度的相对性，不同国家和地区由于发展阶段、文化传统、外部环境等条件不同，有效率的制度安排也不相同，所以适宜制度因时间和空间不同而存在差异，并且要根据条件的变化对其进行动态的调整。

适宜制度理论是为了解释制度对经济绩效的异质性影响而建立起来的理论。因为制度安排是否能够促进本国的经济发展，关键在于制度是否与本国的资源禀赋和制度禀赋情况相适宜，能更好地适应经济社会的条件和需要，能够提高要素的配置效率，推动技术的进步和要素生产率的提高，促进经济绩效。在要素配置的方式上，非市场和市场相耦合的制度结构，以及非市场和市场边界动态调整的适宜的制度安排是促进经济绩效的关键。本部分从理论上分析制度安排适宜性的重要性，提出一种解释要素配置效率差异导致经济绩效差异的新视角，作为对已有理论的一种补充和完善。

在古典经济学理论中，对于要素配置的方式上，政府与市场的关系是对立的。例如经济学鼻祖亚当·斯密就将政府定义为“守夜人”的角色，政府不需要也不应当对经济进行干预，自然会有“看不见的手”——市场会将资源合理的配置到最佳状态。一直到凯恩斯理论宏观经济学的诞生，早期发展经济学一直都强调政府对经济的推动作用，认为在经济发展中，由于存在市场失灵，市场的作用受到束缚，那么应该通过一些非市场的手段来对推动经济发展。那么在人类经济历史上，西方模式的自由市场经济和苏联模式的高度集中计划经济可以说是市场与政府两种配置资源方式的极端表现。随着经济理论的进步和发展，简单地将要素市场上

---

① 与诺斯提出的“适应性效率”概念不同，“适应性效率”注重的是长期的制度变迁与经济绩效的关系，本质上是社会宏观整体社会制度变迁最优的动态效率。而“适宜制度”强调的是相对性，考察注重点是短期内过渡性制度安排与经济绩效的关系，所以从长期看来，适宜制度还包括制度变迁的次优动态效率。

市场和非市场的配置方式对立起来，不管是理论上，还是实践中都是站不住脚的。市场竞争可以提高要素的配置效率，这一点已经得到理论界的比较充分的论证。如 Robert J.Barro(2004)对 100 多个国家 1960—1990 年间的经济增长数据进行分析后，得出结论，政府购买所占比重越高，相应的该国经济增长率就越低，表明政府干预对经济的阻碍作用是明显的。但市场是配置资源的有效方式，但市场发挥作用必须依赖一些基本条件，比如信息不对称导致市场失灵，也就是说市场发展不完备的情况下，完全依靠市场配置资源并不是最有效的。那么，广大发展中国家应该根据自身发展水平合理安排制度，才可以更有效地配置资源。

在要素的配置方式上，如何界定市场和非市场的关系，或者说通过制度的安排，合理地发挥市场对资源的配置作用和非市场的方式对经济的调节作用，一直是经济学理论的核心内容，也是各国经济发展实践中非常重要的内容。对于既是一个发展国家同时也是一个转型国家的中国来说，在要素配置方式上，尤其是要素市场的市场化改革的进程上，如何把握制度的动态变化具有重要的意义。

第三章

市场化改革对经济绩效的异质性影响
——基于转型国家的经验证据

按照亚当·斯密的经济学传统，市场是进行资源配置的有效手段，因此一个更能实现经济自由的制度安排是经济增长的关键，“看不见的手”使生产要素在竞争中实现最优的配置。这也是20世纪90年代以来由威廉姆森(John Williamson)提出、新自由主义所倡导的“华盛顿共识”的主要内容。对于制度与经济增长的关系，如诺斯(North, 1971)认为，在一个自由经济制度下的激励有利于经济的长期增长。20世纪90年代以来，许多发展中国家由计划经济向市场经济转型，但是，同样移植了西方发达国家自由的市场经济制度，大部分独联体国家的国民经济并没有像一些中东欧国家那样转型，其国民经济经历了大起大落，在转型初期要素配置扭曲现象不但没有得到改善，反而却越发严重，阻碍了经济发展。

如果要素配置扭曲指数较低可以用较高的市场化水平来解释，那为什么很多转型国家实施了相同的经济制度却没有得到相同的效果？仅仅考察这一时段，可以发现市场化改革对转型国家的要素配置效率具有异质性影响。

李新(2007)研究发现，俄罗斯在转型初期移植西方市场经济制度的过程中，正式制度遇到本土非正式制度的严格约束，使得移植来的正式制度失灵，阻碍了经济发展。进入21世纪，俄罗斯调整了制度安排，在资源配置方式上确定了“可控的市场经济”制度，反而取得了显著成效。Rodrick & Rogoff(2009)研究发现，金融危机更容易在实施金融自由化的国家发生。相反，在市场化水平较低的中国经济转型却取得巨大成功。

McKinnon(1994)认为中国的经济转型之所以成功，正是因为政府对价格的控制，尤其是政府通过金融部门对资本市场的控制，避免了金融部门自由化造成的经济波动。Huang & Wang(2011)也以中国为案例进行研究，不但证实了McKinnon的观点，还进一步发现，中国在经济转型的初期实施金融抑制政策，不仅没有降低资本要素的配置效率，反而起到促进作用。在市场缺乏效率以及要素价格扭曲的情况下，要素市场过分自由化反而不利于经济发展。接下来，本书利用1995—2012年26个转型国家的面板数据对市场化改革对经济绩效的异质性影响进行检验。①

第一节　相关数据说明

我们用市场化水平来衡量解释变量制度水平，具体数据指标来自美国传统基金会(The Heritage Foundation)和华尔街日报测算的世界经济自由度指数(Index of Economic Freedom)。世界经济自由度指数由50项指标构成，用以反映10个领域的经济自由度，包括：贸易自由(Trade Freedom)、商业自由(Business Freedom)、财政自由(Fiscal Freedom)、政府支出(Government Spending)、投资自由(Investment Freedom)、货币自由(Monetary Freedom)、产权保障(Property Rights)、金融自由(Financial Freedom)、廉洁程度(Freedom from Corruption)以及后来增加的劳工自由(Labor Freedom)指标，由此可见该指数总体上与一国的市场化水平相对应。2007年以后该指数摒弃了过去1—5的评分办法，采用百分制(0—100)的评分办法，使评分和评价呈同向关系。在计算出各个领域指

① 转型国家包括：阿尔巴尼亚、亚美尼亚、阿塞拜疆、白俄罗斯、保加利亚、克罗地亚、捷克、爱沙尼亚、格鲁吉亚、匈牙利、哈萨克斯坦、吉尔吉斯斯坦、拉脱维亚、立陶宛、马其顿、摩尔多瓦、波兰、罗马尼亚、俄罗斯、斯洛伐克、斯洛文尼亚、塔吉克斯坦、土耳其、乌克兰、乌兹别克斯坦、中国。

标得分后，进行简单平均，即得出某一经济体的综合指数，得分越高，说明经济自由度越高；反之，经济自由度越低。考虑到指标设置的合理性、权威性和数据的可得性，因此，本书采用经济自由度指数衡量各国的市场化程度是适合的，并将所有数据做对数处理。

各国 GDP 总量数据是以 2005 年不变价格核算的实际 GDP，单位是美元，数据来源于世界银行 WDI Online 世界发展指标数据库。劳动力资本数据用每年参与生产的劳动人数乘以劳动力的价格计算得到。每年参与生产的劳动人数数据来源于世界银行 WDI Online 世界发展指标数据库，而劳动力价格数据来自国际劳工组织（ILO）发布的 KILM 8th Edition 数据库中的“制造业工人每小时补偿成本”与“人均年实际工作小时数”相乘得到，调整为以 2005 年不变价格为基期的实际价格，单位为美元。部分缺失数据通过欧盟统计局的 Euro STAT 数据库获得。

在跨国比较中，如何估算各国的资本存量序列数据是个难点，目前较为一致的做法是用“永续盘存法”来进行估算，本书也采取该方法，具体的计算方法为：

$$K_t = K_{t-1}(1-\delta) + I_t$$

其中，I_t 为 t 期的固定资本形成额；δ 为折旧率，对于折旧率的取值，不同的学者在选择上存在差异，但现在经济研究中比较主流的做法是统一取 7%；K_t 为 t 期的物质资本存量。世界银行的 WDI Online 世界发展指标数据库提供了各国历年的以 2005 年美元计价的固定资本形成额，我们还需要确定基年的物质资本存量。我们将 1995 年确定为基期，假设这一期的资本存量是过去投资的累积，并假定固定资产投资遵循一个不变的增长率 λ，于是便可以得到 $I_t = I_0 e^{\lambda t}$，I_0 为初期的投资额。基期 1995 年的物质资本存量可以由下式计算得出：

$$K_{1995} = \int_{-\infty}^{1995} I_t (1-\delta)^{(1995-t)} dt = \int_{-\infty}^{1995} I_0 e^{\lambda t} (1-\delta)^{(1995-t)} dt$$

计算上式还需要获取 I_0 和 λ 的值，我们通过以下线形回归求得：

$$\ln I_t = \ln I_0 + \lambda t,\ t = 1995,\ 1996,\ \cdots\cdots,\ 2012$$

求得 I_0 和 λ 的值，我们便可以计算出基期 1995 年的物质资本存量，进一步利用 $K_t = K_{t-1}(1-\delta) + I_t$ 便可以得到各年的以 2005 年美元计价的物质资本存量。

第二节　理论模型及检验

一、构建模型

为了更好地检验市场化水平对转型国家经济绩效的影响，我们构建一个包含内生制度变量的柯布—道格拉斯(Cobb-Douglas)生产函数，假设技术进步为哈罗德中性：

$$Y = Af(K,\ L,\ I,\ \cdots\cdots) \tag{3.1}$$

其中，A 为全要素生产率；K 为资本存量；L 劳动力资本；I 为制度数据，即市场化水平，等等。将(3.1)式取对数形式，可以得到一个线性生产函数：

$$\ln Y = \beta_0 + \beta_1 \ln I + \beta_2 \ln X + \xi \tag{3.2}$$

其中，Y 表示人均 GDP；I 表示市场化水平；X 是其他控制变量；ξ 为残差项。

下面分别通过建立四个模型对市场化水平对经济绩效的影响进行分析，模型 1：人均 GDP 与资本、劳动力资本的关系；模型 2：人均 GDP 与物质资本、劳动力资本、市场化水平的关系；模型 3：人均 GDP 与物质资本×市场化水平、劳动力资本的关系；模型 4：人均 PGDP 与物质资本、劳动力资本×市场化水平的关系。

为了更细致地了解市场化水平对经济绩效的影响，我们将世界经济自由指数继续分解，逐个引入贸易自由(tf)、商业自由(bf)、财政自由(ff)、货币自由(mf)、政府支出(gs)和廉洁程度(cf)6个指标，分别建立模型5—10进行分析(由于金融自由、投资自由、产权保障指标数值基本稳定，而关于劳工自由指标数据2005年才开始统计，所以将这几个指标忽略)。

二、平稳性检验和协整检验

为了方便采用两种方法来进行单位根检验，即相同根单位根检验的LLC检验和不同根单位根检验的Fisher-ADF检验，结果显示各变量一阶差分后平稳。具体检验结果见表3.1：

表3.1　平稳性检验

	LLC	概率 P	Fisher-ADF Chi-square	概率 P
ln(pgdp)	−11.12	0.000 0	120.89	0.000 0
ln(k)	−3.07	0.000 8	72.221	0.000 8
ln(l)	−8.39	0.000 0	117.1	0.000 0
ln(ef)	−14.96	0.000 0	200.23	0.000 0
ln(k×ef)	−15.11	0.000 0	236.42	0.000 0
ln(l×ef)	−10.20	0.000 0	145.298	0.000 0
ln(bf)	−17.25	0.000 0	219.87	0.000 0
ln(tf)	−17.95	0.000 0	241.76	0.000 0
ln(ff)	−14.25	0.000 0	204.53	0.000 0
ln(gs)	−11.60	0.000 0	212.15	0.000 0
ln(mf)	−20.88	0.000 0	246.55	0.000 0
ln(cf)	−17.87	0.000 0	253.51	0.000 0

然后本书采用Kao检验方法进行协整检验，发现各变量之间存在协整关系，具体检验结果见表3.2：

表 3.2 协整检验

变　　量	统计量值	对应概率 P
ln(pgdp)与 ln(k)、ln(l)	−5.91	0.000 0
ln(pgdp)与 ln(k)、ln(l)、ln(ef)	−5.23	0.000 0
ln(pgdp)与 ln(k×ef)、ln(l)	−4.90	0.000 0
ln(pgdp)与 ln(k)、ln(l×ef)	−5.060	0.000 0
ln(pgdp)与 ln(k)、ln(l)、ln(bf)	−7.29	0.000 0
ln(pgdp)与 ln(k)、ln(l)、ln(tf)	−5.11	0.000 0
ln(pgdp)与 ln(k)、ln(l)、ln(ff)	−5.38	0.000 0
ln(pgdp)与 ln(k)、ln(l)、ln(gs)	−6.121	0.000 0
ln(pgdp)与 ln(k)、ln(l)、ln(mf)	−6.261	0.000 0
ln(pgdp)与 ln(k)、ln(l)、ln(cf)	−6.01	0.000 0

第三节　转型国家数据的实证检验

经过进行 F 检验得到结果显示，应采用无个体影响的不变系数模型来拟合样本。为了避免模型存在序列相关性，本书采用 GLS 方法来检验转型国家市场化水平对人均 GDP 的影响，具体估计结果见表 3.3 和表 3.4：

表 3.3 市场化水平与人均产出关系的估计结果

	(1)	(2)	(3)	(4)
ln(k)	0.318 0*** (0.000)	0.345 2*** (0.000)		0.315 6*** (0.000)
ln(l)	0.617 8*** (0.000)	0.602 3*** (0.000)	0.622 3*** (0.000)	
ln(ef)		−0.064 3 (0.380 0)		
ln(k×ef)			0.216 4*** (0.000)	

（续表）

	(1)	(2)	(3)	(4)
ln(l×ef)				0.568 7*** (0.000)
c	0.007 9 (0.93)	0.000 7 (0.95)	0.010 0 (0.210)	−0.002 3 (−0.810 0)
F	362.43	239.78	352.47	296.93
D.W.	1.87	1.86	1.91	1.87
N	572	572	572	572
R^2	0.569	0.567	0.583	0.542

注：括号内为P值，*、** 和 *** 分别表示在10%、5%和1%水平上显著。

从表3.3的计量结果可以看出：

第一，市场化水平对转型国家的人均产出并没有显著的推动作用。引入世界经济自由度指数以后，该指标并没有通过显著性检验，说明市场化水平对于转型国家的人均产出并没有显著影响。这种现象可以在很多转型国家中反映，比如中国的经济自由度指数在全世界180多个国家中排名要在100名以后，在我们考察的26个转型国家中也要排在倒数第4位，但中国经济增长的成绩却是举世瞩目，而从同样实行了较高经济自由度指数的中东欧和独联体国家经济水平千差万别。因此，可以说市场化改革对经济绩效的影响具有异质性，并不是所有国家都适合较高水平的市场化程度。而表3.3也清晰地反映了各转型国家资本和劳动力对经济的明显推动作用。

第二，加入了经济自由度指数以后的资本和劳动力，对转型国家经济发展的贡献出现下降。我们接着在资本和劳动力这两个变量中引入经济自由度指数，以便考察市场化水平对这两种生产要素的影响。将第(1)列和第(3)进行对比发现，引入了经济自由度指数以后，资本依然通过了显著性检验，说明资本对转型国家的经济发展起到了关键作用，贡献程度却明显下降，从原来的0.318下降到0.216 4，下降了31.95%。而同样问题也反映在劳动力上，引入经济自由度指数以后的劳动力对经济的贡献由此前的0.617 8下降到0.568 7，下降幅度达到8%。由此可见，转型国家的市场化水平对经济的促进作用通过对资本和劳动力的影响被削弱了，具体作用机制，在本书后面章节会有详细介绍。

第三，在对转型国家经济发展的贡献上，可以清晰地看到劳动力的贡献要超过资本的贡献，因此，可以说劳动力是影响转型国家经济发展的重要因素，而且市场化水平对劳动的影响也要弱于对资本市场的影响。

接下来，为了更好地考察市场水平对转型国家经济绩效的影响，我们将经济自由度指数分解后进行估计，具体结果见表3.4：

表3.4 市场化水平分解指标与人均产出关系的估计结果

	(5)	(6)	(7)	(8)	(9)	(10)
ln(k)	0.318 0*** (0.000)	0.335 0*** (0.000)	0.358 0*** (0.000)	0.323 0*** (0.000)	0.319 0*** (0.000)	0.334 0*** (0.000)
ln(l)	0.612 0*** (0.000)	0.601 0*** (0.000)	0.603 0*** (0.000)	0.601 0*** (0.000)	0.615 0*** (0.000)	0.602 0*** (0.000)
ln(bf)	0.008 2 (0.617)					
ln(tf)		−0.101 5** (−0.012)				
ln(ff)			0.012 0 (0.796)			
ln(gs)				−0.019 0 (0.201)		

（续表）

	(5)	(6)	(7)	(8)	(9)	(10)
ln(mf)					0.018 0 (0.397)	
ln(cf)						−0.014 1 (−0.613)
c	−0.000 8 (−0.92)	−0.001 1 (−0.891)	−0.001 5 (−0.882)	0.001 3 (0.891)	−0.001 7 (0.859)	−0.001 2 (−0.91)
F	241.87	249.51	243.4	241	231.52	241.32
D.W.	1.88	1.88	1.89	1.86	1.87	1.86
N	572	572	572	572	572	572
R^2	0.687	0.697	0.691	0.69	0.69	0.689

注：括号内为P值，*、** 和 *** 分别表示在10%、5%和1%水平上显著。

表3.4清晰地反映了分解以后的市场化水平对转型国家人均产出的影响。可以看到，只有贸易自由化对经济有显著的作用以外，其他指标都没有通过检验。贸易自由化虽然通过了显著性检验，但表明在经济转型过程中，过于超前的贸易自由对本国经济的发展起到负面作用，如果贸易自由度提升1%，则人均产出将下降0.102%。之所以会出现这种现象，是因为：

首先，并不是所有转型国家都具备贸易自由化促进经济发展的作用机制。由于很多转型国家的市场发育并不完备，国内生产要素市场还存在较严重的扭曲，因此，其生产要素并不能根据贸易自由化的发生而进行重新配置，反而出现了由于贸易过早的自由化导致了生产和交换的分离，贸易中的优势产业得不到生产要素及时的补充，弱势产业却因此受到更严重的冲击，甚至出现失业和资本闲置，反而限制了国民经济的发展。

其次，并不是所有转轨国家具备参与贸易自由化的基本条件。比如，中亚和俄罗斯等国家的经济结构和发展模式，导致其在贸易自由化过程中，出口商品必然以石油和天然气及其他原材料的产品为主，在国际市场行情不利波动的影响下，贸易自由化程度越高，越是不利于本国经济的发展。

最后，对外贸易依存度越高，越容易受到外部市场的冲击。转型国家的产品市场和要素市场在国际市场中还处于弱势地位，较高的对外贸易依存度会让转型国家的国民经济更容易受到国际市场的冲击。而随着世界经济一体化的推动，转型国家对外贸易依存度也越来越高。比如，中国在出口导向的发展战略下，对外贸易依存度从 1990 年的 30%一路上升，最高曾在 2006 年达到 67%，然后开始回落，截至 2011 年依然处于 50.1%的较高水平；俄罗斯对外贸易依存度一直保持在 50%以上，并且贸易结构相对单一。因此，这些国家的国民经济对外部市场的过度依赖，国际市场的任何一次经济危机都会对其贸易和经济产生不利影响。

第四节　市场化改革对经济绩效异质性影响的原因解释

通过上面的实证分析，可以得出结论，市场化水平对这些转型国家并没有带来显著的推动作用。因为这些转型国家的市场化改革对经济绩效产生了完全不同的效果。比如实行较低经济自由度指数的中国经济发展取得了举世瞩目的成就，实行较高经济自由度指数的中亚和俄罗斯等国的经济也并没有呈现东欧那些国家转型轨迹，为什么会产生这种异质性影响？分析其原因，如下：

首先，转型国家在经济转型过程中的正式制度与非正式制度的冲突会放大市场失灵。有诸多研究文献和国家经验也证明了，市场确实可以在一定程度上更好地配置资源，促进经济发展。但这种正向影响并不是简单直接的，而是要受到一个国家诸多因素的限制。比如，徐坡岭(1999)、李新(2007)等学者认为，转型国家在转型过程中实行的市场化改革，必须考虑正式制度与非正式制度的冲突问题。“一国的非正式制度是本国人民在长期社会交往过程中逐步形成，并得到社会认可的约定成俗、共同恪守的行为准则，包括价值信念、风俗习惯、文化传统、道德伦理、意识形态等”，很多转型国家受非正式制度的影响较大。另外，影响正式制度发挥作用的除了非正式制度以外，还有很多其他因素，比如一国的资源禀赋、所处的外部环境等等。而我们考察的 26 个转型国家，他们的文化传统、风俗习惯等非正式制度，或者是其他资源禀赋等方面差别巨大，因此，相同的制度水平会对不同的国家产生不同的效果，并不存在一种完美的制度安排解决所有转型国家的问题。

如果转型国家的正式制度与该国的制度禀赋和资源禀赋不能形成良好的互动，那么，一味地提升市场化水平并不能为该国产生良好的商业环境和明智的政策安排。举个例子来说，俄罗斯在地广人稀的资源禀赋下，一直保持着较少的民主传统。时任俄罗斯总统的梅德韦杰夫在 2010 年 4 月曾经说过：“俄罗斯的民主总共也就 20 年。苏联没有民主，沙皇时期同样没有任何民主。因此，我们国家从传统意义上理解有 1 000 多年了，但从民主意义上说，是 20 年。”在这样的文化背景、传统价值观的影响下，俄罗斯实行“休克疗法”，制度安排上过度自由化就会导致灾难性后果。相反，中国在转型初期采取了适合自己本国制度禀赋和资源禀赋的过渡性制度安排，尤其是在要素配置方式上，积极发挥政府的管理职能，保持社会稳定，取得了经济上的巨大成功。因此，可以说，不同转型国家适宜的制度安排并不一定完全相同，只有与自己国家的制度禀赋和资源禀赋相适应，才能取得良好的效果。

其次，非市场的方式(政府调控等)可以解决市场失灵问题，但也有可能落后于经济发展的需要。正如斯蒂格利茨(1995)认为的那样，由于市场中信息不对称，商品和生产要素的价格不能及时正确反映相关的信息，因此，市场并不完全能解决所有问题，存在失灵现象。转型国家由原来传统的计划经济向市场经济转型，并不一定要完全放弃非市场的方式，而是要素配置方式在市场与非市场之间边界的动态变化需要重新界定。可见市场对生产要素配置效率的积极影响，并不能简单直接地发挥作用，它还受到其他很多因素的制约，比如资源禀赋和制度禀赋（包括生产力发展水平、文化传统、外部环境等等）。

在转型的初期，一些转型国家的经济还处于发展的初始阶段，非市场（政府调控）方式在要素配置方式上发挥的作用急剧下降，由于市场发展并不完备会使这些转型国家形成经济转轨中的"体制真空"，反而可能对国民经济造成混乱。从要素配置的角度来说，在转型国家经济发展的起步阶段，市场发展的不完备以及正式制度与非正式制度的冲突放大了市场失灵，致使要素配置的效率不升反降，而此时更多的非市场方式（政府调控等）参与要素的配置可以在一定程度上纠正市场失灵，同时满足初始阶段经济发展迫切需要的工业化和基础设施建设，有助于加速经济的起飞，这个时候在市场化改革的速度上不要过激是合适的。伴随着市场的发展，市场机制可以更好地发挥要素配置的功能，而同时非市场方式（政府调控等）想要把握经济体统的准确信息越来越困难，加大了非市场方式配置资源的成本，这个时候市场化改革还处于缓慢速度，就会使市场化水平低于经济发展的需要，对国民经济造成阻碍。

第五节　本章结论

尽管诸多学者的研究已经证明，市场是配置资源的有效方式，加快市场化改革可以打破市场壁垒，加快生产要素的流动，提高要素的配置效率。但研究发现，在转型国家进行市场化改革的过程中，市场化水平对不同国家的经济绩效产生了异质性影响。比如，同样移植西方发达国家经济制度的中亚和俄罗斯等国与中东欧各国的转型效果并不相同，而实行较低市场化水平的中国却取得了经济上的巨大成功，但最近几年，中国的要素扭曲现象也逐渐显现，缓慢的改革速度与快速的经济发展造成的偏差对经济的持续发展造成了掣肘。

为了检验市场化改革对转型国家经济发展的异质性影响，本章用美国传统基金会发布的经济自由度指数来量化市场化程度，同时利用 26 个转型国家 1995—2012 年的面板数据对市场化水平与转型国家经济水平之间的关系进行了实证分析。实证结果表明，经济自由度指数与经济增长水平之间并没有显著关系，甚至引入经济自由度指数以后，资本和劳动力对经济增长的贡献度反而降低了。可见市场化水平对生产要素配置效率有积极影响，但这种影响并不是简单直接的，它应该取决于一个国家诸多方面的因素，比如资源禀赋和制度禀赋（包括生产力发展水平、文化传统、外部环境等）。接着，本章对市场化改革对经济绩效的异质性影响产生的原因进行了分析，总结如下：

首先，转型国家在经济转型过程中的正式制度与非正式制度的冲突会放大市场失灵。在我们考察的 26 个转型国家中，他们的文化传统、风俗习惯等非正式制度和其他资源禀赋等方面差别巨大，因此相同的正式制度在不同国家产生的效果并不相同，与本国非正式制度冲突的制度安排会放大市场失灵，使市场无法发挥更好的配置作用，反而阻碍经济的发展。

其次，非市场的方式（政府调控等）可以解决市场失灵问题，但也有可能落后于经济发展的需要。转型国家经济发展的起步阶段，市场发展的不完备以及正式制度与非正式制度的冲突放大了市场失灵，致使要素配置的效率不升反降，而此时更多的非市场方式（政府调控等）参与要素的配置可以在一定程度上纠正市场失灵。伴随着市场的发展，市场机制可以更好地发挥要素配置的功能，而同时非市场方式（政府调控等）想要把握经济体统的准确信息越来越困难，加大了非市场方式配置资源的成本，这个时候市场化改革还处于缓慢速度，就会使市场化水平低于经济发展的需要，对国民经济造成阻碍。

因此，我们应该注意到转型国家的非正式制度起到重要作用，重视转型过程中要素配置的非市场方式的重要作用，了解在经济发展初期单纯追求较高水平的市场化程度并不一定会对经济增长起到促进作用，反而有可能通过降低资本和劳动力对经济发展的贡献，阻碍经济发展；同时也要注意到随着经济的快速发展，市场的完备以及法律法规的健全，市场化改革有可能已经滞后于经济发展的需要，市场可以发挥越来越重要的作用，及时加快市场化改革的速度，使制度安排与经济发展的需要相适应，因此，从长期来看，转轨方式无论是激进式还是渐进式，这些转轨国家最终目标都是要实现计划经济向市场经济的转变，也就是说在制度安排上各国最终趋向收敛，只是在过渡阶段的制度安排上要实现适宜制度。

本章构建了一个包含内生制度变量的柯布——道格拉斯（Cobb-Douglas）生产函数，以此来分析市场化水平与经济绩效的关系，主要考察了制度、资本和劳动力这三大指标，并没有考虑其他对经济绩效同样造成重要影响的因素，希望未来模型在构建上可以得到修正，以期得到与现实情况更加符合的结果。

第四章

市场化改革的适宜制度路径分析

适宜制度的定义，是指在生产要素的配置方式上，市场和非市场（如政府宏观调控）方式调节边界的动态变化，不仅仅要与技术创新模式相适应，还要与本国的资源禀赋和制度禀赋（包括经济发展水平、文化传统、外部环境等因素）相适应，并且要根据条件的变化进行动态的调整，使制度安排有利于资源配置，较好地促进经济的发展。

因此适宜制度作为一个内生变量可以通过激励和协调生产要素的积累、提高生产要素的配置效率来促进经济的发展，提高经济效率。比如，一个有利于吸引外国直接投资的制度安排，可以较快地增加一国的资本积累，一个良好的市场环境可以提高劳动和资本的配置效率，而一个合理的分配方式也可以提高生产要素的生产效率。对于转型国家来说，适宜的推进市场化改革速度是转型成功与否的关键。改革制度的动态变化通过生产要素的积累效应、配置效应和创造效应提高生产要素的投入热情和配置效率，而且促进经济发展。本章将从劳动和资本的配置效率两方面来分析适宜制度的决定路径。根据以上分析，假定一个社会的制度安排是一个内生变量，由一国的制度禀赋（包括经济发展水平、文化传统、外部环境等因素）和资源禀赋决定，然后用一个参数来反映制度安排与适宜制度的偏离程度，定义为制度偏离。具体方程为：

$$I_t = \xi + \lambda i_t + \delta_t \tag{4.1}$$

其中，I 是实际的制度[①]，i 用来衡量制度禀赋和资源禀赋，λ 是与当

① 与第三章的表述相同，表现为一国当时的市场化水平。

前资源及制度禀赋相适的最优制度安排系数，λi_t 反映了在 t 时期一国或地区应该采取的最优市场化水平，即适宜制度。残差项 δ_t 的绝对值反映了实际制度与适宜制度的偏离程度，δ_t 为正，说明实际制度超前于当前的适宜制度，δ_t 为负，说明实际制度落后于当前的适宜制度。

第一节　劳动力配置效率决定的适宜制度

转型国家在进行市场化转型的过程中，主要是通过失业来进行劳动力的资源再配置，推进市场化的制度安排动态调整过程必须与适宜制度保持一致，因为要素配置效率与制度偏离存在着密不可分的关系。一方面，在经济发展的初始阶段，私人部门经济规模还很小，无法吸纳更多的就业，如果进行过激的市场化改革使实际制度超越适宜制度的要求，则会造成失业率的上升，导致一系列的社会和经济问题阻碍改革的推进。另一方面，随着经济的发展和市场的完善，如果市场化改革进行缓慢使实际制度落后与适宜制度，就会造成无法满足私人部门快速成长而日益需要的劳动力资源，进而雇主无法有效组织进行工资谈判，造成劳动力价格扭曲，进而影响投资。

假设在一个国家只有两个生产部门——国有部门和私人部门，市场化改革的目的是要通过一个合理的制度安排发挥市场的作用，把劳动力资源从效率低下的国有部门转移到效率较高的私人部门，进而提高劳动力的生产效率。由于实际制度与适宜制度之间的偏离，导致劳动力市场存在流动壁垒影响劳动力的价格，造成失业的存在。劳动力较低的价格可以加大新兴的私人部门对劳动力的需求，减小失业率的上升，增大劳动力资源配置的速度，提高劳动力配置效率，所以，存在一定程度的失业率是合理的。那么存在一个最优失业率的选择，也就是说在市场化改革的进程上，劳动力配置存在一个最优的从国有部门向私人部门配置的速度，而这个速度应该就是实际制度与适宜制度相适应动态调整的速度。适宜理论文献讨论的焦点就在于在制度安排上要与该国适宜制度条件匹配。比如，决定适宜制度的资源禀赋和制度禀赋（如经济发展水平、文化传统、外部条件等）的变化决定着私人部门就业创造（job creation）的变化，而实际制度安排下的市场化改革进程决定国有部门的就业缩减（job destruction），二者的相互作用，决定着要素配置效率的变化。下面在 Aghion-Blanchard(1994)模型（下文简称为 AB 模型）的基础上进行拓展，来分析劳动力配置效率决定的适宜制度路径。

一、最优转型速度与失业量

为了讨论方便，假设整个社会劳动力资源数量固定为 $\bar{L}$，标准化为 1，国有企业对劳动力的需求数量为 L_S，私人部门对劳动力需求数量为 L_P，失业量为 U①，则 t 时期：

$$L_S(t)+L_P(t)+U(t)=\bar{L}=1 \tag{4.2}$$

市场化改革进程中，劳动力在国有部门和私有部门之间重新配置，不可避免地出现失业。失业流入（Inflow into Unemployment）来自国有部门对劳动力需求的缩减，受实际制度 I_t 决定；失业流出（Outflow from Unemployment）则来自私人部门对劳动力的需求，受适宜制度 i_t 决定。假设在经济发展初期，由于受到私人部门规模限制对劳动力需求很小，失业流入将大于失业流出。如果在实际制度安排 I_t 下，每期国有企业对劳动力的需求 L_S 中的一个比例 s 流出，s 应该是一个实际制度 I_t 的增函数，记为 $s(I_t)$，同时私人部门对劳动力的需求 L_P 增加比例为 g，是一个 i_t 的增函数，记为 $g(i_t)$，那么，在连续时间下得到：

① 由于劳动力资源数量标准化为 1，则失业量 U 也可以看成是失业率。

$$L_S(t)=L_S(0)e^{-s(I_t)t} \tag{4.3}$$

$$L_P(t)=L_P(0)e^{g(i_t)t} \tag{4.4}$$

$$U(t)=1-L_S(0)e^{-s(I_t)t}-L_P(0)e^{g(i_t)t} \tag{4.5}$$

根据假设，由于私人部门对劳动力需求数量为L_P小于国有企业对劳动力的需求数量为L_S，即使$g(i_t)$大于$s(I_t)$，失业流入也有可能超过失业流出从而失业率呈增长趋势。但随着经济的发展和市场的完备，$g(i_t)$将逐渐增大，而$s(I_t)$逐渐缩小，失业$U(t)$也将逐步下降。

$$\frac{dU}{dt}=s(I_t)[L_S(t)-L_P(t)] \tag{4.6}$$

根据(4.6)式可以看到，当$L_S(t)=L_P(t)$之前，失业量是增长状态，两者相等后，失业达到顶峰后开始下降。因此，可以看出失业量的动态变化应该是一个先上升后下降的倒U形的曲线形状。

二、失业流出的内生路径

因为失业流出来自私人部门对劳动力的需求，受到经济发展水平的约束。所以，定义私人部门创造的就业流量为：$g(i_t)=\frac{dL_P(t)}{dt}$。失业流入来自国有部门对劳动力需求的缩减，受实际制度I_t决定。所以，国有部门消失的就业流量为：$s(I_t)=\frac{dL_S(t)}{dt}$。下面将失业流出内生化：

$$g(i_t)=(1-\varphi)[1+\mu-w-\theta(t)] \tag{4.7}$$

其中，$0<\varphi<1$，为劳动力进入私人部门就业壁垒，取决于制度偏离δ_t。μ为私人部门和国有部门劳动率的差异，w为私人部门的效率工资，θ为私人部门和国有部门的每个员工所缴纳的失业保险。私人部门使用劳动力资源只能从失业人群中进行招聘，对每一单位劳动力支付的价格为政府的失业救济b加上一个溢价c。溢价c可以理解为私人部门企业

主为加强工人忠诚度和防止工人消极怠工而采取的激励措施，所以溢价 c 是一个外生变量，由此得到：

$$w(t)=b+c\left[r+\frac{g(i_t)}{u(t)}\right] \tag{4.8}$$

其中，r 表示贴现率，$\frac{g(i_t)}{u(t)}$ 反映的是单位劳动力找到工作的概率。由此可以发现，失业量 $u(t)$ 越高，工资 $w(t)$ 就越低，结合(4.7)式得出结论：合理的失业可以让私人部门增加就业量，增加整个社会的失业流出。

但该模型同时也反映出失业造成的财政压力会对失业流出也有一个反馈机制，即失业保险的存在造成的单位劳动力成本的上升，进而抵消由失业带来的失业流出效应。假设政府发放的失业救济来自私人部门和国有部门的每个员工所缴纳的失业保险，预算约束为：

$$\theta(t)[1-u(t)]=bu(t) \tag{4.9}$$

因此，政府预算的出清状态为：

$$\theta(t)=\frac{bu(t)}{L_S(t)+L_P(t)} \tag{4.10}$$

由于缴纳的失业保险由私人部门和国有部门的企业负担，失业率的增加会对私人部门创造的就业机会产生负面影响。由于财政约束的外部性，国有部门企业的失业流出存在一个最大速度 s^*。如果市场化改革造成的失业流出超过这个水平，就会导致失业增加，社会承担过重的失业救济会降低劳动力的配置效率。而失业流出 $s(I_t)$ 是实际制度的函数，失业流入 $g(i_t)$ 是适宜制度的函数，则实际制度最优选择是失业流出的速度与适宜制度带来的失业流入相适应。此时，失业将会出现两处均衡状态，一个失业率在较低水平的 U_1 和失业率在较高水平的 U_2，如图 4.1：

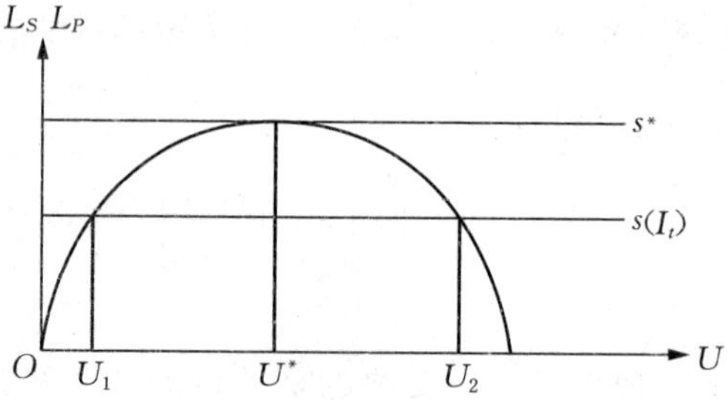

图 4.1　低失业均衡 U_1 和高失业均衡 U_2

通过图 4.1 可以看出，如果进行过激的市场化改革使失业流入 $s(I_t)$ 带来的失业水平 U_2 高于适宜制度决定的最优失业水平 U^*，那么会造成要素的闲置和浪费，而且企业承担过多的失业救济负担影响企业的发展，不利于经济的发展。而过慢的改革速度会使失业水平处于较低的 U_1 水平。前文已经分析过，过低的失业率无法满足私人部门对劳动力的需求，不利于劳动力配置效率的提高。只有实际制度与适宜制度相匹配的失业水平才能使劳动力配置效率达到最优状态。

三、失业流入的内生路径

在市场化改革进程中，劳动力的配置效率取决于实际制度的安排，改革的目的是要将生产效率低下的国有部门多余的劳动力重新配置到生产率更高的私人部门里去，直到两个部门生产率相等。假设国有部门的生产函数为 $f(L_S)$，在改革初期所有劳动力都在国有部门就业，并且劳动生产率相等，为了讨论方便标准为 1：

$$f(1)=1 \tag{4.11}$$

在市场化改革开始后，一个制度水平为 I_t 的情况下，有 $1-\varphi$ 比例的劳动力从国有部门失业流向市场，φ 的大小取决于：

$$\frac{f(\varphi)}{\varphi}=1+\mu \tag{4.12}$$

改革的目的是要将劳动力从生产率低下的国有部门配置到生产率更高的私人部门，一直到所有劳动力生产率相同为止。由于假设所有劳动力都是同质的，改革使每个劳动力失业的概率相同，均为 $1-\varphi$。而每单位劳动力在私人部门就业创造的价值用 V_P 表示，如果失业的价值则用 V_U 表示，在国有部门保持现状的价值用 V_S 表示。当满足以下条件时，市场化改革开始进行，制度安排开始调整：

$$\varphi V_P+(1-\varphi)V_U\geqslant V_S\text{，其中，}V_P\geqslant V_S\geqslant V_U \tag{4.13}$$

当上式成立，劳动力市场的制度安排才可能发生动态调整。随着实际制度的调整，失业 U 将要上升，由于受到政府财政的预算约束，V_U 将要下降；伴随着找到新工作概率的下降，V_P 也将要下降，直到(4.13)式的等号成立，失业率将达到最大值 U^*。超过该值的制度安排会对整个社会的劳动力配置效率产生负面影响，如果低于该值，应该推进市场化改革，提高整体社会劳动力配置效率的提高。

而通过以上分析，在 t 时期，V_P、V_U、$1+\mu$ 以及找到新工作的概率要受到适宜制度 i_t 的制约，所以，造成 $1-\varphi$ 失业概率的实际制度安排 I_t 要与适宜制度匹配，直至达到最优为止。

四、失业流出与失业流入平衡路径

从上面分析可以得出，实际制度带来的失业流出与适宜制度可以创造的失业流入相互平衡可以提高劳动力配置效率。根据(4.8)式，假设私人部门企业使用每单位劳动力支付的价格溢价 c 是由下面的公式决定的：

$$V_P(t)-V_U(t)=c \tag{4.14}$$

结合(4.8)式和(4.13)式，得：

$$\varphi w+(1-\varphi)(w-rc)\geqslant rV_S \tag{4.15}$$

上式是劳动力要素配置改进的动力，当等号成立的时候，劳动力配置效率达到最大，同时市场化改革的制度安排与本国社会的资源禀赋和制度禀赋相适合。此时劳动力的价格应为：

$$w=rV_S+(1-\varphi)rc \tag{4.16}$$

为了讨论方便，将国有部门的工资 rV_S 标准化为1，实际制度与适宜制度匹配时，即制度偏离 $\delta_t=0$ 时，劳动力的配置效率达到最优，此时的失业率为：

$$U^*=c(1-\varphi)\frac{\mu-(1-\varphi)rc}{1-b-\varphi rc} \tag{4.17}$$

所以，在制度安排上，市场化进程的速度要使失业率保持在 U^* 水平上，如果安排较高的失业救济制度，加快改革速度，会造成均衡失业率的上升。结合公式(4.7)和公式(4.15)可以得到：

$$s(I_t)\varphi=(1-\varphi)[\mu-(1-\varphi)rc] \tag{4.18}$$

通过(4.18)式可以看出，实际制度受等式右边的制约，而右边与一国的资源禀赋和制度禀赋(如经济发展水平、外部环境、文化传统等)紧密相关，比如劳动力的进入壁垒、经济发展创造的私人部门对劳动力的需求(通过有效工资溢价表现)以及两个部门之间生产率差别等等。比如，失业救济 b 的大小影响改革的速度，根据(4.8)式，可以得到：

$$\frac{\partial V_U}{\partial b}=\frac{1}{1+r}\left[1-\frac{rc(1-\varphi)}{u+c}\right] \tag{4.19}$$

可以看出，失业救济的成本由企业内部化时，失业救济 b 的提高增加了劳动力失业时的价值，增加了劳动力配置速度，但同时也降低了失业劳动力找到新工作的概率。但如果失业救济来源于劳动力的工资征税，那么第二个效应超过第一个效应：

$$\frac{\partial V_U}{\partial b}=\frac{1}{(1+r)(U+c)(1-u)}[(u+c)(1-u)-cr(1-\varphi)] \quad (4.20)$$

如果失业救济可以不通过劳动力的工资征税来融资，可以加快劳动力流转，提高劳动力配置效率，提高改革速度。由此可以确定一个最优的转型速度 V_U，实现一条最优的失业率水平 U^*，此时市场化改革推进的动态变化路径即为实现劳动力配置效率的适宜制度。

第二节　资本配置效率决定的适宜制度

从经济发展的角度看，转型国家大部分都属于发展中国家，对资本的需求比对劳动力的需求要更强烈。因此，转型国家的制度安排对资本配置效率的影响可以从资本配置和资本积累两个角度来分析。下面在 Castanheira-Roland(2000)模型(以下简称 CR 模型)的基础上进行拓展来分析适宜制度与资本配置效率的关系。基本思路与分析劳动配置效率的 AB 模型类似。如果从静态的角度看，资本市场如果不存在要素壁垒，也就是说如果资本要素的流动不存在摩擦，最优的资本配置应该是瞬间完成的。如果从动态的视角分析，资本配置效率最优化不仅仅是部门之间的最优化，还应该以整个国民经济中的消费和储蓄决策为基础，在时间顺序的基础上实现资本积累的最优化。而 CR 模型关注的焦点是在推进市场化改革速度上的最优选择，假设基础是资本要素在效率低下的国有部门配置到效率更高的私人部门去，一直到生产率相同为止。与 AB 模型的思路基本一致，CR 模型建立在一般均衡的基础上，尽可能地接近于拉姆塞(Ramsey)模型，关注焦点从稳态转向动态的适宜转型制度安排。

一、基本假设

资本市场上通过一个制度安排，国有部门企业在资本配置上的优先地位可以软化预算约束，但却提高了私人部门企业获得资本要素的成本。也就是说，相当于通过资本市场对私人部门的非国有企业征收了隐性的附加税，同时向国有部门企业进行了隐性补偿。与上文分析劳动力配置路径的 AB 模型类似。我们利用动态的 CR 模型来考察劳动和资本配置的适宜制度安排路径。

同样的，我们假设整个国民经济由国有部门和私人部门两部分组成，整个社会劳动力资源数量固定为 $\overline{L}$，标准化为 1。对劳动力的需求用两个部门的就业量表示，分别为 L_S 和 L_P。为了分析上便于处理，同时考虑到在大部分转型国家的企业内部资本和劳动之间的技术替代是有限的，那么，假设国有部门和私人部门企业都是用资本和劳动比为 1 的里昂惕夫生产函数进行生产。因为转型国家基本为发展中国家，相对于劳动力来说，资本的短缺要更严重，在这种情况下，假设多余的劳动力成为隐性的失业人员就业于国有部门企业。为了区分在就业岗位上的隐性失业，我们继续假设，私人部门企业的就业人员全部属于有效率的就业，而国有部门的就业分为有效率的就业 L_S^e 和一部分没有效率的隐性失业 L_S^d，同时，两个部门所有有效率就业的劳动力是同时同质的。用 U 表示社会的显性失业率，则有：

$$U=\overline{L}-L_S-L_P=1-L_S-L_P \tag{4.21}$$

$$L_S=L_S^e+L_S^d \tag{4.22}$$

同时，为了简单起见，我们将产量直接用有效率的劳动力数量 L_E 体现出来，那么，社会的总产出为：

$$Y=L_E=L_S^e+L_P \tag{4.23}$$

二、动态均衡

假设产品市场是完全竞争的，并且产品同质，价格为 1。企业利润是总收益的一个固定比例 α。并且企业会将得到的全部利润进行资本积累，在第二阶段继续投资，由于企业的生产函数是资本和劳动比为 1 的里昂惕夫生产函数，那么资本积累带来的就业创造与资本量保持一致。但由于社会存在隐性失业，会对企业利润造成一定程度的损失，每单位的隐性失业带来的损失用 β 表示。国有部门企业在资本配置上的优先地位可以软化预算约束，但却提高了私人部门企业获得资本要素的成本。也就是说，相当于通过资本市场对私人部门的企业征收了隐性的附加税，同时向国有部门企业进行了隐性补偿。相当于把隐性失业带来的损失一部分由国有部门的企业直接承担，另一部分通过隐性的附加税形式转移给了私人部门企业，这种隐性的税收用 τ 表示。

两个部门企业在资本短缺的里昂惕夫生产函数下进行生产，社会的就业创造由两个部门企业资本积累决定，国有部门企业资本积累为 $\dot{K}_S$，私人部门企业资本积累 $\dot{K}_P$，则：

$$\dot{K}_S = \dot{L}_S^e = \alpha L_S^e - \beta L_S^d + \tau\beta L_S^d \tag{4.24}$$

$$\dot{K}_P = \dot{L}_P = \alpha L_P - \tau\beta L_S^d \tag{4.25}$$

其中，α、β、τ 的取值范围都是[0, 1]。上两式表明，两部门的企业利润用于资本积累并且投资创造新的就业岗位。但是由于隐性失业的存在造成生产成本的上升，影响了要素配置效率，削弱了企业创造新就业岗位的速度，并且，隐性失业带来的成本 τ 由两个部门共同分担。所以，整个社会的就业创造为：

$$\dot{Y} = \dot{L}_S^e + \dot{L}_P = \alpha L_S^e + \alpha L_P - \beta L_S^d \tag{4.26}$$

三、资本积累动态的适宜制度路径

我们假设在市场化改革进程中，国有部门企业的隐性失业规模（或对隐性失业的流出）可以通过实际制度安排来进行控制。除了考虑要素配置提高带来的经济收益，还必须考虑同时由显性失业 U 带来的社会成本。

那么，我们根据 Burda(1993)的方法决定由失业带来的社会成本函数为：$\frac{1}{2}U^2$。社会的有效率的就业量 L_E 为状态变量，引入时间变量 t 以后，初始有效率的就业量也如前面分析一样设为 $L_E(0)$，无效率的就业量（隐性失业）L_S^d 为控制变量，折现因子为 e^{-rt}。则根据(4.23)，求解社会收益最大化问题的跨期最优决策路径：

$$\max_{L_S^d}\int_0^{\infty} e^{-rt}\left[L_E-\frac{1}{2}(1-L_E-L_S^d)^2\right]dt \tag{4.27}$$

$$s.t.\quad \dot{L}_E=\alpha L_E-\beta L_S^d$$

$$0\leqslant L_S^d(t)\leqslant 1-L_E(t)$$

由于折现因子 e^{-rt} 的存在可以保证上式收敛，将收益最大化问题的现值汉密尔顿函数改写成拉格朗日函数形式，如下：

$$H=L_E-\frac{1}{2}(1-L_E-L_S^d)^2+\lambda(\alpha L_E-\beta L_S^d)+\theta(1-L_E-L_S^d) \tag{4.28}$$

求上式最大化的一阶条件：

$$\frac{\partial H}{\partial L_S^d}=1-L_E-L_S^d-\lambda\beta-\theta\leqslant 0,\ L_S^d\cdot\frac{\partial H}{\partial L_S^d}=0 \tag{4.29}$$

$$\frac{\partial H}{\partial \theta}=1-L_E-L_S^d\geqslant 0,\ \theta\geqslant 0,\ \theta\cdot\frac{\partial H}{\partial \theta}=0 \tag{4.30}$$

$$\dot{L}_E=\alpha L_E-\beta L_S^d=\frac{\partial H}{\partial \lambda} \tag{4.31}$$

$$\dot{\lambda}=-\frac{\partial H}{\partial L_E}+\lambda r \tag{4.32}$$

通过(4.29)式可以得到二阶条件：$\frac{\partial^2 H}{\partial L_S^{d2}}=-1<0$，(4.28)式可以求得

极大值。此时，市场化改革的进程的最优安排路径，即动态的适宜制度。根据库恩—塔克条件，将(4.28)式求最大值的一阶条件分下面四种情况来讨论。

第一种情况： $1-L_E-L_S^d-\lambda\beta-\theta=0,\ L_S^d>0$

$1-L_E-L_S^d>0,\ \theta=0$

$\dot{L}_E=\alpha L_E-\beta L_S^d$

$\dot{\lambda}=L_E+L_S^d-2-\alpha\lambda+\lambda r+\theta$

此时求得改革最优路径安排：

$$\dot{L}_S^d=(r-\alpha)L_S^d-(2\alpha+\beta-r)L_E+\alpha+2\beta-r \tag{4.33}$$

第二种情况： $1-L_E-L_S^d-\lambda\beta-\theta<0,\ L_S^d=0$

$1-L_E-L_S^d>0,\ \theta=0$

$\dot{L}_E=\alpha L_E-\beta L_S^d$

$\dot{\lambda}=L_E+L_S^d-2-\alpha\lambda+\lambda r+\theta$

此时求得改革最优路径安排：

$$\dot{L}_E=\alpha L_E \tag{4.34}$$

此时，L_S^d 每增加一单位对整个经济社会的边际效用水平贡献度始终为负。所以，改革的路径应该是尽可能地消除隐性失业，打破要素流动壁垒，将资本积累全部应用到新的就业创造上。当达到这种情况时，说明经济转型已经成功，要素配置可以由市场发挥作用。

第三种情况： $1-L_E-L_S^d-\lambda\beta-\theta=0,\ L_S^d>0$

$1-L_E-L_S^d=0,\ \theta>0$

$\dot{L}_E=\alpha L_E-\beta L_S^d$

$\dot{\lambda}=L_E+L_S^d-2-\alpha\lambda+\lambda r+\theta$

此时求得改革最优路径安排：

$$\dot{L}_E=(\alpha+\beta)L_E-\beta \tag{4.35}$$

$$\dot{L}_S^d=-\dot{L}_E \tag{4.36}$$

在这种情况下，社会不存在显性失业。在我们讨论的就业创造机制下，由资本积累带来的失业流出为正，那说明这部分有效率的就业将全部来自国有部门企业的隐性失业。如果失业流出为负，也就是失业流入为正，则这部分由本来有效率的就业岗位上失业的劳动力就将流入国有部门企业，成为新增的隐性失业。

第四种情况： $1-L_E-L_S^d-\lambda\beta-\theta<0,\ L_S^d=0$

$1-L_E-L_S^d=0,\ \theta>0$

这种情况时 $L_E=1,\ L_S^d=0$，这是经济社会制度安排达到最优的一种表现形式，隐性失业对社会的边际效用为负，而且市场化改革消除的隐性失业能被私人部门企业有效率的就业岗位完全吸收。在这一点上与第二种情况则不同。这一种理想状态，此时没有失业，就业量正好等于社会劳动力数量 $\bar{L}$。

第三节　制度偏离产生的原因解释

如果在制度安排上追求一个与模型不一样的效用目标，就会产生与最优路径偏离的结果，也就是实际制度与适宜制度的偏离。①例如，效用函数更多地关注失业带来的社会问题，市场化改革进程推进过慢，在要素配置中隐藏过多的隐性失业，对经济发展造成负面影响。或者是经济发展水平不够，就业创造无法吸收更多的隐性失业，市场化改革过于激进，失业增多导致一系列的社会问题，同样对经济发展有负面影响。

---

① 实际制度与适宜制度的偏离程度本书简称制度偏离，是与制度适宜程度完全相反的概念，制度适宜程度越高则偏离越低。

一、制度偏离产生的机制

下面通过得到的适宜制度安排路径动态方程画出相图来分析制度偏离的机制。为了分析实际制度与适宜制度是如何产生偏离的，假设实际制度变量是外生的，而外生的实际制度决定了要素流动摩擦的大小、失业救济和显性失业率的高低等因素。

首先根据第一种情况的两个约束条件不起作用的情况下画出 L_E 和 L_S^d 的动态变化曲线相图，然后根据其他情况分别分析在转型过程中可能出现的制度偏离。通过(4.31)式和(4.33)式可以得到 $\dot{L}_E=0$ 和 $\dot{L}_S^d=0$ 时的曲线，如图 4.2。

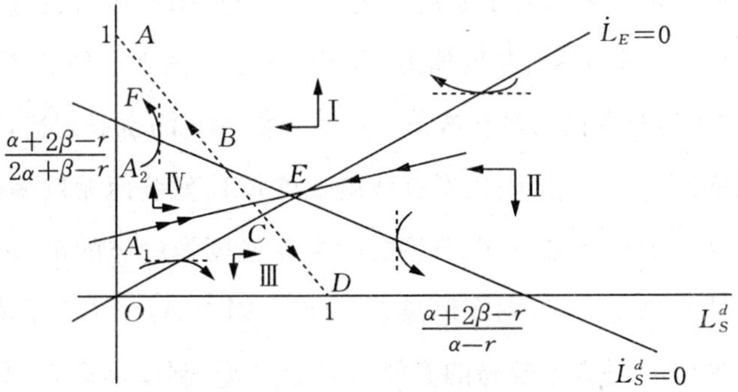

图 4.2　制度偏离原因相图分析

曲线 $\dot{L}_E=0$ 是一条经过原点由左下向右上倾斜的曲线，而曲线 $\dot{L}_S^d=0$ 是一条由左上向右下倾斜的曲线，具体位置由 α、β、r 的数值大小共同决定。两条曲线相交于 E 点，将相图分为四个区域，四个区域内点的运行方向分别用带有箭头的曲线标出。所以可以看到有Ⅱ和Ⅳ两个区域的点可以运行到 E 点达到均衡(在图中用双箭头的曲线表示运行方向)。

考虑到适宜制度下最优决策路径的约束条件 $0\leqslant L_S^d(t)\leqslant 1-L_E(t)$ 可以得到 AD 曲线，相图中在 AD 曲线的左侧，即在△AOD 中才有经济学意义。E 点坐标为 $\left[L_S^d=\frac{\alpha(\alpha+2\beta-r)}{(\alpha+\beta)(\alpha+\beta-r)},\ L_E=\frac{\beta(\alpha+2\beta-r)}{(\alpha+\beta)(\alpha+\beta-r)}\right]$，

两项相加已经超过 1，所以 E 点应该在 AD 曲线的右侧。接下来可以讨论不同约束条件下的转型情况。第二种情况描述的经济社会没有隐性失业，而且隐性失业对社会边际效用增加的贡献为负，在图中为 FA 线段。这时在适宜制度安排下，转型经济状态的动态变化路径为沿着 FA 线向上移动。第三种情况发生时，这时在适宜制度安排下，转型经济状态的动态变化路径为沿着 AD 曲线的箭头方向移动，这时劳动力资源规模成为经济发展的约束。第四种情况发生时，适宜制度安排下，经济处于 A 点，这时隐性失业完全被有效就业吸纳，全部劳动力完全就业，这是一种理想状态，现实很难达到。

图中四条流线表示处于制度偏离时，经济状态的运行轨迹。例如图中 A_1 点制度安排与适宜制度偏离，由于经济社会的就业创造处于较低水平，而此时进行过激的市场化改革会压缩经济社会的就业创造，对国民经济造成负面影响，使经济陷入了有效就业的持续萎缩而无效率就业的规模又不断增长的循环之中，以消除隐性失业速度为标志的市场化水平明显超前于适宜制度水平，制度偏离 δ_t 为正。图中 A_2 点描述的转型过程中经济发展已经创造出较高的有效率就业水平，制度偏离 δ_t 为负，此时国有部门企业虽然存在隐性失业，但如果推进市场化改革的进程并不会造成显性失业的增加，恰恰相反，市场上有效率的就业能够吸收隐性失业，促进转型的完成，此时应该推进市场化水平的提高，减小制度偏离，而 A_2 点会沿着流线方向移动，接近 AF 线段。

二、转型国家发生制度偏离的经验解释

与 OECD 国家相比，大部分转型国家的适宜制度具有特殊性和多样性，造成了市场化改革的异质性差别。可以从四个方面来理解这一点：

一是在转型初期，大部分转型国家的经济发展与 OECD 国家相比还处于较低的水平。而经济制度归根结底是由生产力水平决定的。这就意味着一些转型国家简单的移植发达国家的经济制度必然造成制度偏离，不利于经济发展。

二是大部分转型国家与OECD国家所处的外部环境不同。世界范围内市场已经充分开发，全球的重要资源和市场被发达国家及跨国公司垄断，在这种情况下，转型国家所处的外部环境比OECD发达国家更加紧张，发展空间也更加狭小，这样的外部环境决定了转型国家的适宜制度与发达国家必然不同。在转型之初的制度安排上与发达国家一样实施较高的市场化水平，会导致制度偏离提高，降低要素配置效率。

三是文化和意识形态的差异决定了转型国家适宜制度各不同。如欧美日韩等发达国家在文化上存在比较强的相似性，而很多转型国家一是与发达国家之间的文化和意识形态存在明显差异，二是转型国家之间文化的相似性也远远低于发达国家，如受欧洲文化影响的中东欧国家与其他独联体国家文化存在明显差异。所以，转型国家的适宜制度不但与发达国家不同，相互之间的适宜制度也各不相同，造成了转型国家相同的经济制度却产生不同的制度偏离。

四是随着经济的发展和科技的进步，原有的资源禀赋和制度禀赋发生变化，实际制度安排可能会逐渐落后，造成制度偏离程度提高，应加快改革，缓解制度对经济的约束。原有超前的制度安排也可能缩小与当前适宜制度之间的偏离，提高要素配置效率，发挥制度的潜力。

第四节　本章结论

本章从劳动力配置效率角度出发分析市场化改革的最优速度，进而得到适宜制度动态变化路径。在研究转型经济理论中，Aghion-Blanchard模型是分析转型速度的一个比较经典的分析模型。我们用AB模型来分析制度安排对劳动力配置效率的影响，通过得到一个最优的转型速度来分析制度变迁与经济发展相互影响的动态过程，进而得到适宜制度安排。劳动力配置效率的提高意味着把劳动力这种生产要素从效率较低的部门或企业转移到效率更高的部门或企业中去，但由于制度安排与适宜制度的偏离会加重劳动力市场摩擦，影响工资水平。转型国家通过市场化改革，可以使劳动力加快配置速度，提高劳动力的配置效率。那么，通过一个合理的制度安排来推进市场化改革的速度，可以得到一个最优的失业率水平。一方面该失业率水平可以保持工资的下行压力，使更有效率的私有部门经济增加对劳动力的需求，促进经济发展；另一方面该失业率水平也不会造成失业救济融资的财政负担过重以及其他的社会问题，从而可以得到一个最优的市场化改革速度，可以使劳动力资源配置达到最优，即适宜制度的动态变化。

通过以上动态模型分析可以认为，市场化改革适宜制度安排路径和改革的成败主要取决于改革初期的初始状态以及经济发展速度。初始状态是影响市场化改革速度的是一个重要因素（张军，1999），这种现象可以用制度变迁中的"路径依赖"来解释。但在市场化改革中适宜制度如何决定，初始状态并不是唯一因素，经济发展同样起到至关重要的作用。如果市场化改革速度超过经济发展速度和制度禀赋的变化，就会在短期内出现失业的"超调"。较快的经济增长可以弥补市场化改革中初始条件的不足，所以经济增长也是决定改革速度的一个重要因素。但如果市场化改革的速度落后于初始状态和经济发展要求的最优速度，比如依然在效率低下的国有部门企业保持较高的就业，隐性失业对经济发展造成的负担过重，就会阻碍私人部门的发展，在这种改革速度下，虽然社会显性失业增长缓慢，但私人部门无法兴起会导致转型的滞后。因此，在市场化改革的进程上要使改革速度与适宜制度要求的最优速度保持一致，对市场化改革是至关重要的。

用建立在一般均衡方法之上的 Castanheira-Rolan 模型从资本市场和

资本积累的角度出发，同样解释了资本配置效率达到最优并不能瞬时完成。CR 模型加入了资本积累的因素后，得出结论与分析劳动力配置效率的 AB 模型得到的结果几乎一致。市场化改革的速度有一个最优速度，而且受到初始状态和经济发展速度的制约。不同的是，市场化改革速度过快对要素配置效率的负面影响是通过资本积累和资本要素流动壁垒而发生作用的，而改革速度过慢对要素配置效率的负面影响是因为国有部门企业在资本配置上的优先地位可以软化预算约束。CR 模型为理解转型国家市场化改革制度安排异质性影响提供了有力的解释，得出一个重要的政策建议是，市场化改革的速度应该以实现最优的转型速度为标准，市场化改革的制度安排应该谨慎地进行硬化效率低下的国有部门企业的预算约束，比如合理地安排失业救济，控制显性失业以及减小不同企业在资本配置上的不同地位导致的负面作用。也就是说，转型的制度安排上应该与适宜制度相匹配，而适宜制度受一国改革初始状态和经济发展速度制约。

本章通过分析制度偏离产生的机制，解释了转型国家为什么会发生市场化改革与适宜制度偏离。在下一章我们就要分析市场化改革过程中实际制度与适宜制度偏离对宏观经济的影响机制，以及构建要素配置效率的核算框架。

第五章

制度偏离与要素配置扭曲

回顾转型国家的经济发展，市场化改革对转型国家的要素配置效率却产生了异质性影响。转型理论一般根据不同制度调整路径来区别要素配置效率对经济发展的影响。适宜制度理论是转型经济资源再配置问题研究领域比较新的概念。根据已有的研究发现，要素配置扭曲产生的原因主要有两个：

第一个是不同的制度安排下，要素配置上会对不同类型的企业产生不同程度的歧视。例如，McKinnon(1973)指出金融抑制导致资本市场分割，使易获得金融资源的部门受益，难以获得金融资源的部门受损，产生资源错配，不利于国民经济的发展。Kornai(1986)从预算软约束角度出发，认为政府管制是要素配置扭曲产生的原因，特别是国有企业的存在加剧了要素配置的扭曲。Klenow & Hsieh(2009)发现，中国要素配置扭曲大部分来自重视国有企业而歧视民营企业的制度安排，而印度要素配置扭曲产生的原因主要是来自对企业规模的管制。Dollar & Wei(2007)根据 2005 年世界银行调查数据研究发现，非国有企业的投资效率高于国有企业，如果通过制度安排将国有企业配置的过多资本重新进行配置，则可以大幅提高资本效率，增加经济产出。

第二个原因是制度安排造成要素市场分割形成要素流动壁垒，阻碍了要素的流动而无法实现要素的最优配置。例如，John(1971)认为制度约束导致要素价格有别于自由市场出清价格，使得生产要素无法实现最优配置。Tobin(1972)认为之所以存在要素配置扭曲，是因为要素市场分割形成要素流动壁垒，无法实现要素自由流动和市场价格出清。Buera、

Kaboski & Shin(2011)等研究发现,资本市场的流动壁垒不仅会扭曲企业之间的资本配置,而且还影响企业家的创业行为。

通过以上分析可知,在市场化改革进程中,由于企业的地位不同会使企业在使用某种生产要素时需要花费额外的成本,这种额外的成本相当于对企业征收了一种附加税,可能成为一种补贴,给予其他单位或个人。而正是由于制度偏离的存在,使要素价格不变的情况下,企业因为额外付出成本或是得到额外补贴,将影响企业使用该生产要素的生产决策,进而影响要素配置效率。一些学者很早就发现了这种经济现象。比如 Defina(1983)通过劳动力实际价格偏离市场价格程度分析,发现工会的存在使得劳动力的实际价格水平实高于完全竞争均衡的水平。工会的势力越强,对劳动力市场的价格扭曲影响就越大。Kumbhakar(1992)认为非市场因素配置资源的方式导致了美国航空业要素配置出现扭曲,使得航空企业工作重心不是关注经济效率和技术创新,而是转向寻租。姚洋(1998)指出,中国的混合土地制度的一个特点是地权不稳定性,这种不稳定性会导致农户不能拥有对土地的稳定预期,在资本价格不变的情况下,将减少对土地的投资。稳定的地权可以提高土地的抵押价值产生农业绩效的正面效应,而且稳定的地权可以提高土地以及投入土地上的投资和劳动的交易价值。白斯理(Besley, 1995)将这种效应称为稳性地权的交易收益效应。

由于要素配置上的地位不同,处于劣势地位的企业相当于将产出的一部分补贴给处于优势地位的组织或企业。而企业为了获得要素配置上的优势地位,或者说降低这种劣势地位带来的损失,即为了应对这种由于制度偏离导致的要素流动摩擦,就需要额外支付一定的费用。Kaufmann & Wei(2000)将企业的这种用于生产之外的额外的花费成为“润滑费用”(Grease Money Hypothesis)。假设企业对于“润滑费用”投入量是由制度偏离水平下内生决定,经过理性选择的结果。则相同水平的制度偏离对处于不同地位的企业会产生不同的影响，那么企业使用的生产要素面临成本也就内生地不一致，从而要素配置效率也就不可能达到最优。这就产生了 Klenow 所说的要素配置扭曲。

为了更好地理解制度偏离对不同企业要素配置扭曲的影响，本章通过建立一个由要素配置上异质性地位的企业或组织不同的决策模型来分析要素扭曲产生的原因。

第一节　要素配置扭曲的产生

假定转型国家的生产部门由国有部门企业和非国有部门企业两部分构成，如同上面的分析一样，这两个部门的经济分别用 S、P 代表，并且都使用资本和劳动两种生产要素就行生产。生产函数如下：

$$Y_S = f_S(K_S + K_\tau,\ L_S - L_\tau) \tag{5.1}$$

$$Y_P = f_P(K_P - K_\tau,\ L_P + L_\tau) \tag{5.2}$$

K_S 和 K_P 分别是没有扭曲下整个国家国有部门企业和私人部门企业配置的资本数量。K_τ 是由于两种类型企业在要素配置上不同地位额外获得的配置数量。则 $K_S + K_\tau$ 是要素配置上处于优势地位的国有部门企业实际使用的资本数量，$K_P - K_\tau$ 是处于劣势地位的私人部门企业实际使用的资本数量。同样的用 L 表示劳动力数量，其他各个分量的含义与资本相对应。在(5.1)式和(5.2)式中，K_τ 和 L_τ 符号反映企业在要素配置上的地位，可以是正，也可以是负。①为了与实际情况相符，继续假设国有部门企业使用资本的实际数量要高于没有扭曲下的数量，而对劳动力的

① 但根据实际情况，转型国家一般为发展中国家，对资本的需求比对劳动力的需求更强烈，而国有部门企业在获得资本上处于更有优势的地位，而私人部门企业更容易受到歧视，由于资本价格在两个部门间发生扭曲，两个部门劳动和资本价格比发生变化，所以在要素配置上，国有部门更多的使用资本代替劳动力，而私人部门恰恰相反。

使用则相反，即 K_τ 和 L_τ 的符号都为正。那么，整个社会要素的投入量为：

$$\bar{K}=K_S+K_P \tag{5.3}$$

$$\bar{L}=L_S+L_P \tag{5.4}$$

整个社会产出为两个部门产出的总和。用以下函数表示：

$$Y=Y_S+Y_P=f_S(K_S+K_\tau,\ L_S-L_\tau)+f_P(K_P-K_\tau,\ L_P+L_\tau) \tag{5.5}$$

假设两部门企业的生产函数都为规模报酬不变的柯布—道格拉斯(Cobb-Douglas)生产函数，且为希克斯中性技术进步，则(5.5)式的产出函数可以表示为：

$$Y=A_S(K_S+K_\tau)^\alpha(L_S-L_\tau)^\beta+A_P(K_P-K_\tau)^\alpha(L_P+L_\tau)^\beta \tag{5.6}$$

A_S 和 A_P 分别为国有部门和私人部门企业的全要素生产率(TFP)，与上一章的假设相同，国有部门企业生产效率低于私人部门企业(刘瑞明，2011)，即 $A_S<A_P$。α、β 分别是资本和劳动产出弹性，假设同一国家要素的产出弹性相同。假设转型国家市场化制度安排的最优目标是社会产出最大化，则：

$$\frac{\partial Y}{\partial K_\tau}=\alpha A_S(K_S+K_\tau)^{\alpha-1}(L_S-L_\tau)^\beta-\alpha A_P(K_P-K_\tau)^{\alpha-1}(L_P+L_\tau)^\beta \tag{5.7}$$

根据新古典经济学假设，要素的边际产出 $\frac{\partial Y}{\partial K_\tau}\geqslant 0$，则可得出如下不等式：

$$\frac{A_S(K_S+K_\tau)^\alpha(L_S-L_\tau)^\beta}{(K_S+K_\tau)}-\frac{A_P(K_P-K_\tau)^\alpha(L_P+L_\tau)^\beta}{(K_P-K_\tau)}\geqslant 0 \tag{5.8}$$

$$\frac{Y_S}{(K_S+K_\tau)}-\frac{Y_P}{(K_P-K_\tau)}\geqslant 0 \tag{5.9}$$

(5.5)—(5.9)式说明,生产要素在进行配置过程中,只要使生产要素在部门配置保证边际产出大于等于0,就可以实现社会产出最大化的目标。K_τ 和 L_τ 的存在说明了在出现市场失灵时,适宜的制度安排可以保证生产要素配置到平均产出更大的部门上。我们将这个归结为推论一。

推论一:K_τ 和 L_τ 的存在并不一定会导致经济产出的下降。在适宜制度下,非市场方式配置生产要素的经济增长模式可以克服市场失灵,使得生产要素的边际产出大于或等于0,这也说明非市场方式配置要素并不一定会引起要素配置的扭曲。①

因为在经济发展初期阶段,需要加快推进工业化进程和基础设施建设,但完全依靠市场的方式来配置资源,可能会因为市场失灵而导致要素配置效率无法达到最优,这时通过非市场的方式参与要素配置可以纠正市场失灵,提高要素配置效率,有助于经济发展,此时适宜的制度安排表现为较低的市场化水平,更多的非市场因素参与资源配置是合理的。随着经济发展,要想掌握经济系统准确信息的困难程度会越来越高,政府参与要素配置的成本就会加大,同时市场不断完善,那么市场化的推进可以更好地发挥市场配置资源的功能,政府对要素配置干预过多将不利于经济发展,此时适宜的制度安排应该表现为较高的市场化水平。

所以,在要素配置效率上,适宜制度有两个目标:一是市场发展完全的情况下,消除要素流动壁垒,减小流动摩擦,要素价格充分反映供求信息,充分发挥市场配置资源的作用;二是存在市场失灵的情况下,为实现产出的最优目标,利用非市场方式调配资源,通过调整 K_τ 和 L_τ 以使整个社会的产出达到最大化。但根据实际情况,在制度安排上,实际制度总与适宜制度之间存在偏离,比如,在市场发展并不完备、经济发展等制度禀赋还处于较低水平时,实行了过激的市场化改革;或是在市场发展已经较

① 为了分析简便,这里只分析资本要素配置效率,劳动力配置效率的分析思路与此相同。

为完备、经济发展等制度禀赋处于较高水平时，市场化改革过慢，市场化水平过低等。这种制度偏离就会对要素配置效率产生影响。

由于转型国家的国民经济中存在国有部门和私人部门两种类型企业，在制度安排上，与之对应的是两种类型企业在资源配置上面临不同的市场化程度。如上一章分析，国有企业的目标函数除了追求利润最大化，还必须承担其他的非经济目标，比如解决社会就业、维护社会稳定等社会责任。这一特征可能使得国有企业会吸纳一些效率低下的隐性失业，而在资本配置上，国有企业能获得比市场利率更低水平的贷款作为一种补偿。所以国有部门企业面临的要素市场无论是劳动力市场还是资本市场都是非竞争的市场，而非国有部门企业面临的生产要素市场相比国有部门企业来说更具有竞争性，并且非国有部门企业也能够按照生产收益最大化的目标函数来配置生产要素。非国有部门企业获得资本的价格一般要高于国有部门企业，与前面的假设一样，非国有部门企业获得的劳动力是从国有部门企业中转移出去的，获得劳动力的价格也高于国有部门企业。这种情况会对要素市场造成分割，导致要素流动摩擦，引起要素价格扭曲。

根据以上假设，我们建立一个 t 时期在制度安排 I_t 下，存在制度偏离 δ_t 的经济社会效用函数：

$$U=\left(1-\frac{\delta_t}{I_t}\right)Y+\frac{\delta_t}{I_t}u_tY_s \qquad s.t. \quad K_\tau\geqslant 0 \text{ 和 } L_\tau\geqslant 0 \tag{5.10}$$

U 代表在 t 时期制度安排 I_t 的市场化水平下经济社会的效用函数，效用函数受两方面影响：一是受产出多少影响的经济效用，另一个是国有部门企业承担的非经济目标带来的社会效用。$\frac{\delta_t}{I_t}\left(0\leqslant\frac{\delta_t}{I_t}\leqslant 1\right)$ 表示在制度偏离下获得的除产出最大化外的社会效用权重，$\left(1-\frac{\delta_t}{I_t}\right)$ 则为经济产出最大化在制度安排中经济效用的权重。$u_t(u_t \geqslant 0)$表示国有部门企业每创造一单位产出而获得的社会效用，这部门效用可以通过制度安排来调整 K_τ 和 L_τ 的大小而获得，而且 u_t 会随着时间 t 不同大小也随之变化。正因为 u_t 的存在，制度安排 I 成为既定条件下，各不同利益集团反复博弈的结果。总之，(5.10)式所表达的含义是：制度安排会在经济产出最大化与其他社会效用之间权衡，若是制度安排以经济产出最大化为最优目标，则制度偏离 δ_t 应该等于 0，也就是说此时的实际制度安排与资源禀赋、制度禀赋等条件相匹配，即为适宜制度。此函数反映一国的制度安排最优目标在经济效用和其他社会效用之间存在此消彼长的关系。结合(5.6)式和(5.10)式在 t 时期制度安排 I_t 的市场化水平下经济社会的效用函数写为：

$$U=\left(1-\frac{\delta_t}{I_t}\right)[A_S(K_S+K_\tau)^\alpha(L_S-L_\tau)^\beta+A_P(K_P-K_\tau)^\alpha(L_P+L_\tau)^\beta]$$
$$+\frac{\delta_t}{I_t}u_t[A_S(K_S+K_\tau)^\alpha(L_S-L_\tau)^\beta] \tag{5.11}$$

求解该效用函数满足最大值的一阶条件：①

$$\frac{\partial U}{\partial K_\tau}=\left(1-\frac{\delta_t}{I_t}\right)\frac{dY}{dK_\tau}+\frac{\delta_t}{I_t}u_t\frac{dY_S}{dK_\tau}=0 \tag{5.12}$$

将(5.7)式带入上式可得：

$$\frac{\dfrac{df_S}{dK_\tau}}{\dfrac{df_P}{dK_\tau}}=\frac{1-\dfrac{\delta_t}{I_t}}{\left(1-\dfrac{\delta_t}{I_t}\right)+\dfrac{\delta_t}{I_t}u_t} \tag{5.13}$$

(5.13)式反映了通过制度安排来调整 K_τ 和 L_τ 的大小经济社会可以

① 与前面类似，这里只分析存在制度偏离时资本要素配置效率的影响，劳动力要素配置效率的分析与此思路相同。

得到效用最大化的条件。因为制度偏离 δ_t 满足条件 $0 \leqslant \frac{\delta_t}{I_t} \leqslant 1$，$u_t \geqslant 0$，所以当制度偏离 $\delta_t = 0$ 时，社会以经济产出最大化为唯一追求目标，则(5.13)式等号的右边等于 1，满足这个目标的条件是通过调整 K_τ 和 L_τ 的大小使两个部门边际出产相同。此时的制度安排将生产要素配置效率提高到最大化，最大程度地促进经济发展。但实际情况中，制度偏离 δ_t 往往并不能等于 0。如果社会非经济目标效用 u_t 非常大，就说明由制度偏离 δ_t 配置给国有部门企业的 K_τ 虽然可以带来其他非经济效用，但造成的经济损失就越多，也就是要素扭曲就越大。当 u_t 趋于无穷大时，(5.13)式等号右边趋于 0，说明此时再配置给国有部门企业更多的生产要素也不会使产出增加，只是追求其他非经济目标的效用。由此，我们可以得出另一个推论。

推论二：虽然国有部门企业可能生产效率低，但可以通过其在要素配置中的优势地位获得更多的资源，这是因为国有企业的目标函数除了追求利润最大化，还必须承担其他的非经济目标，而对这种非经济目标追求的制度安排会与适宜制度产生偏离，进而导致要素配置扭曲的产生。

第二节　要素配置扭曲的经济影响效应

经济学研究的意义就是如何把稀缺的资源进行合理的配置，但转型国家在进行市场化改革的过程中一直不可避免地伴随着市场的扭曲，这种扭曲既存在于商品市场，也存在于要素市场。从我国的发展经历来看，要素市场的发展要明显滞后于商品市场，在不同经济类型企业之间、不同行业之间要素市场的分割普遍存在，因而也就存在普遍的部门(经济类型、行业、地区)之间的要素价格的扭曲，并且由于制度性的原因这种扭曲还难以在短期内得以消除。这种扭曲影响了微观企业的要素投入，造成了资源使用结构的扭曲，进而对整个国民经济造成损失。本节则重点分析要素配置扭曲对经济的影响机制和路径及其表现形式。

一、要素配置扭曲的作用机制

如图 5.1 所示，假设经济系统中只有两种产业——产业一和产业二进行生产和维系，而且都用相同的生产方式生产同一种产品，投入的要素只有两种：劳动和资本，而Ⅰ曲线和Ⅱ曲线分别表示这两个产业的等产量线。如果要素市场在两个产业之间不存在分割的情况下，C-C 为初始状态下一般均衡时的等成本线。当要素市场出现分割，C_1-C_1 和 C_2-C_2 分别表示两个产业的生产要素相对价格发生变化时的等成本线。下面分两种情况讨论要素价格出现扭曲时，要素配置对经济绩效的影响机制和路径。

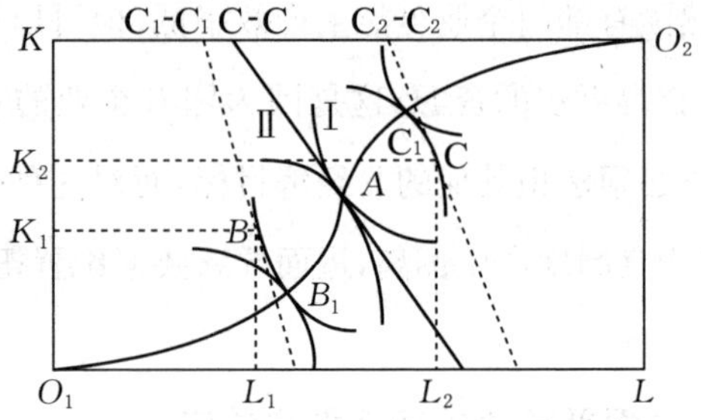

图 5.1　要素配置扭曲的作用机制

（一）经济体系是完全竞争市场（产品和要素市场都是完全竞争市场）

假设经济系统的初始状态下处于帕累托最优，要素配置处于均衡点 A，在图 5.1 中可以发现，经济系统中要素的配置方式为（K，L），此时要素配置效率达到最优状态，产出实现最大化，两个产业的产出分别为 Y_{I} 和 Y_{II}。当由于制度安排或是政策变化等原因，经济系统中的要素市场出现分割时，同一种生产要素在两个产业之间的相对价格发生变化，出现了要素价格扭曲，那么两个产业的等成本线都发生了变化。假设由于在要素配置的制度安排上，产业获得资本的难度加大，同时由于劳动力在市场中的流转成本提高，使得劳资谈判的最终结果是提升劳动力的价格，并且资本和劳动力的相对价格也发生变化，则在图5.1中表现为，产业一的等成本线移动至C_1-C_1，产业二的等成本线移动至C_2-C_2，两个产业按照最优策略分别在B点和C点重新安排生产，此时有处于帕累托最优的B_1点和C_1点相比，在要素配置上，两个产业都配置了更多的资本，而使用更少的劳动，于是经济系统产生了要素配置扭曲现象，即出现$L_1+L_2<L$，$K_1+K_2<K$。那么在这种状态下，经济社会的有效需求不足，开始出现失业和资本闲置，与处于帕累托最优的生产状态相比，产出开始减少，$Y_{\mathrm{I}}+Y_{\mathrm{II}}>Y_{\mathrm{I}1}+Y_{\mathrm{II}2}$，由此可以说，要素配置效率降低了。

（二）经济系统中产业一为私人部门，产业二为国有部门

这种情况比较符合大部分转型国家的实际情况。假设两个部门的产业在要素配置上最大的特点是私人部门在获得要素要付出比国有部门更多的成本，两个部门面临不同的等成本线，假设国有部门的等成本线为C-C，则私人部门的等成本线为C_1-C_1，与以上的分析相同，在这种假设下，国有部门在A点进行生产决策，使用资本和劳动分别K_A和L_A，产出则为Y_A。同样道理，私人部门则在B点进行生产决策，使用的资本和劳动分别为K_1和L_1，产出为Y_1。整个社会的资源配置方式为：(K_A+K_1, L_A+L_1)，可以看到$K>K_A+K_1$，$L>L_A+L_1$，经济社会的有效需求不足，也开始出现失业和资本闲置，并且产出减少：$Y_{\mathrm{I}}+Y_{\mathrm{II}}>Y_1+Y_A$，要素配置效率降低。

二、要素配置效率的核算框架

为了进一步分析要素配置扭曲对经济绩效的影响，本书在Hsieh &

Klenow(2009)和朱喜等(2011)的模型基础上构建一个跨部门的完全竞争模型来计算要素配置效率。要素配置扭曲最直观的表现是各部门生产要素的边际报酬不相等。Temple(2001)和 Rogerson(2008)通过研究农业和非农业部门之间存在非市场因素阻碍了要素的自由流动,使部门之间要素报酬存在明显差距,造成了要素配置扭曲,验证了这一观点。假设 t 时期一国任一企业的生产函数为规模报酬不变的柯布—道格拉斯(Cobb-Douglas)生产函数,

$$Y_i = A_i K_i^{\alpha} L_i^{\beta},\ \alpha+\beta=1$$

其中 Y_i 是产量,A_i 为第 i 个企业的全要素生产率(TFP),L 和 K 分别表示企业投入的两种要素,即劳动和资本,α、β 分别是资本和劳动产出弹性。假设不同国家的要素产出弹性不同,但同一国家要素的产出弹性相同。我们用 w 和 r 分别表示劳动和资本的价格。简单起见,假定全国共有 n 个这样的生产企业,所有企业生产相同产品 Y,产品市场是完全竞争的,产品价格为 P。假设第 i 个企业面临的劳动和资本价格扭曲分别为 θ_{L_i} 和 θ_{K_i},则劳动力的最终价格为 $w+\theta_{L_i}$,资本的最终价格为 $r+\theta_{K_i}$。

第 i 个企业的利润函数是:

$$\pi_i = PA_i K_i^{\alpha} L_i^{\beta} - (r+\theta_{K_i})K_i - (w+\theta_{L_i})L_i \tag{5.14}$$

企业利润最大化的一阶条件为:

$$\frac{\partial \pi_i}{\partial K_i} = \alpha PA_i K_i^{\alpha-1} L_i^{\beta} - (r+\theta_{K_i}) = 0$$

$$\frac{\partial \pi_i}{\partial L_i} = \beta PA_i K_i^{\alpha} L_i^{\beta-1} - (w+\theta_{L_i}) = 0$$

对一阶条件进行整理得到:

$$MRPK_i = \frac{\alpha PY_i}{K_i} = r+\theta_{K_i} \tag{5.15}$$

$$MRPL_i = \frac{\beta PY_i}{L_i} = w + \theta_{L_i} \tag{5.16}$$

公式(5.15)(5.16)分别表示资本、劳动的边际产出与该要素的平均产出成正比,资本和劳动在生产中的最优配置为:

$$\frac{K_i}{L_i} = \frac{\alpha(w + \theta_{L_i})}{\beta(r + \theta_{K_i})} \tag{5.17}$$

通过(5.17)可以看出,如果产品市场和要素市场是完备的,资本和劳动的比应该是一个常数,所有生产部门应该按此最佳配置进行生产。但由于每个企业面临的扭曲程度不同,所以配置也各不相同。如果资本和劳动的比值越高,说明生产中资本对劳动的替代越多,意味着劳动的扭曲越大,反之亦然。

第 i 个企业按最优配置投入生产要素,整个社会的产品总收入 $\sum_{i=1}^{n} PY_i$、总投资 K、总劳动 L 分别为:

$$\sum_{i=1}^{n} PY_i = APK^{\alpha}L^{\beta} = \sum_{i=1}^{n} \frac{1}{\alpha}(w + \theta_{L_i})L_i = \sum_{i=1}^{n} \frac{1}{\beta}(r + \theta_{K_i})K_i \tag{5.18}$$

$$K = \sum_{i=1}^{n} K_i = \sum_{i=1}^{n} \frac{\alpha(w + \theta_{L_i})}{\beta(r + \theta_{K_i})} L_i = \frac{\alpha w}{\beta r} L \frac{1}{1 + \bar{\mu}_{KL}} \tag{5.19}$$

其中,$\frac{1}{1 + \bar{\mu}_{KL}} = \sum_{i=1}^{n} \frac{\left(1 + \frac{\theta_{L_i}}{w}\right)}{\left(1 + \frac{\theta_{K_i}}{r}\right)} \frac{L_i}{L}$

公式(5.19)反映了社会中总资本和总劳动投入之间的关系。$\frac{1}{1+\bar{\mu}_{KL}}$ 可以看作每个企业面临的要素价格扭曲的加权平均,是衡量社会全部资本和劳动价格扭曲的指标。

$$L=\sum_{i=1}^{n} L_i \tag{5.20}$$

(5.20)式是指社会生产投入全部劳动力。

将(5.19)式、(5.20)式代入到生产函数 $Y=AK^{\alpha}L^{\beta}$，得到：

$$PA\left[\frac{\alpha w}{\beta r}\sum_{i=1}^{n}\frac{\left(1+\frac{\theta_{L_i}}{w}\right)}{\left(1+\frac{\theta_{K_i}}{r}\right)}L_i\right]^{\alpha}\left[\sum_{i=1}^{n}L_i\right]^{\beta}=\frac{w}{\alpha}\sum_{i=1}^{n}\left(1+\frac{\theta_{L_i}}{w}\right)L_i$$

由此，得到社会总量 TFP 为：

$$A=\frac{1}{P}\frac{w^{\beta}}{\alpha^{1+\alpha}}(\beta r)^{\alpha}(1+\bar{\mu}_{KL})^{\alpha}(1+\bar{\mu}_{L}) \tag{5.21}$$

其中，$(1+\bar{\mu}_L)=\sum_{i=1}^{n}\left(1+\frac{\theta_{L_i}}{w}\right)\frac{L_i}{L}$，可以看作劳动力扭曲的加权平均。为了方便比较，记不存在要素配置扭曲的社会潜在的 TFP 水平为 $\bar{A}$，则：

$$\bar{A}=\frac{1}{P}\frac{w^{\beta}}{\alpha^{1+\alpha}}(\beta r)^{\alpha} \tag{5.22}$$

以(5.22)式为标准，如果(5.21)式和(5.22)式存在明显差别，说明要素配置扭曲的存在造成了潜在 TFP 损失，因此要素配置的效率我们用 $A/\bar{A}$ 来表示。当配置效率等于 1 时，表示经济社会的要素配置完全有效，配置效率为 100%。为了便于后文的实证分析，我们将由要素配置扭曲造成潜在 TFP 的损失记为要素配置效率损失 DI。DI 也反映了消除所有要素配置扭曲后总量 TFP 可能增加的空间，计算公式为：

$$DI=\left(1-\frac{A}{\bar{A}}\right)\times 100\%=[1-(1+\bar{\mu}_{KL})^{\alpha}(1+\bar{\mu}_{L})]\times 100\% \tag{5.23}$$

由此我们可以发现一国的全要素生产率(TFP)增长与要素配置效率损失 DI 大小成反比，而要素配置效率损失 DI 受实际制度与适宜制度的偏离程度 δ_t 影响。制度偏离程度 δ_t 越大，则要素配置效率损失 DI 越高，要素配置效率就会越低，反之亦然。

第三节　本章结论

转型理论一般根据不同制度调整路径来区别要素配置效率对经济发展的影响，适宜制度理论是转型经济资源再配置问题研究领域比较新的概念。根据已有的研究发现，要素配置扭曲产生的原因主要有两个：第一个是不同的制度安排下，要素配置上会对不同类型的企业产生不同程度的歧视。第二个原因是制度安排造成要素市场分割，形成要素流动壁垒，阻碍了要素的流动而无法实现要素的最优配置。

本章通过构建一个由要素配置上具有异质性地位的生产部门不同的决策模型来说明要素配置扭曲产生的机制，然后分析发现，由于要素配置扭曲的存在经过一系列的作用机制，对经济体系的诸多关键变量产生了影响：

首先，与新古典增长理论的完全竞争市场的假设不同，经济体系均衡状态时，各部门之间要素的边际产出由于配置扭曲的存在并不相等，之间的差别也视各部门要素配置扭曲的大小而决定。

其次，在存在要素配置扭曲的平衡增长路径上，人均消费水平和各生产部门对劳动力的需求均不独立，因此各生产部门个体的全要素生产率和要素配置的扭曲情况都会左右整个经济体系的全要素生产率(TFP)总量。而且要素配置扭曲的存在是各部门的经济增长失衡，因此可以说，经济体系的全要素生产率除了与外生的技术水平增长率有关，还与不同时期要素配置的效率相关。

最后，当经济体系中存在要素配置扭曲时，各生产部门之间生产要素的流入和流出(动态的配置数量)就不再相等。与完善的市场条件相比，存在配置扭曲的要素市场不管是要素的流入速率还是流出速率都很难达到相匹配，并且这种互相并不匹配的要素流转不仅仅影响当期要素的配置效率，也使得下一期的要素流动和配置效率发生相应的动态变化。比如，在我国的同一时期的不同地区就会发生“用工荒”和“失业潮”两种完全不同的现象。

为了衡量要素配置扭曲对经济绩效的影响，本章在 Hsieh & Klenow (2009)和朱喜等(2011)的模型基础上构建一个两要素跨部门的完全竞争模型来核算要素配置效率。接下来的一章，我们将要用跨国数据对这些理论进行检验。

第六章

制度偏离对要素配置效率的影响
——基于国际数据的实证检验

以上章节我们重点讨论了全要生产率(FFP)与经济增长、要素配置扭曲与全要生产率(FFP)的关系,由此得到三个重要结论:首先,全要生产率(FFP)差异是解释国际间收入差异的重要原因,同时,全要生产率(FFP)也是促进经济持续增长的重要动力,其次,要素配置效率的差异是造成全要生产率(FFP)差异的重要原因,提高要素配置效率减少经济系统中全要生产率(FFP)的损失。最后,制度偏离是转型国家造成要素配置扭曲的重要原因,因此,转型国家在制度安排上重点关注适宜制度,减少制度偏离可以提高要素的配置效率。因此,本章将要利用跨国数据对以上的理论进行实证检验。

第一节　变量及数据说明

我们采用1995—2012年的跨国数据来分析制度偏离对要素配置扭曲的影响,涵盖了27个OECD国家和26个转型国家的共计53个国家18年的样本数据(具体国家名单见附录A)。

本书研究的重点是要素配置方式的制度安排上,市场与非市场方式调节边界的变化对要素配置效率的影响,因此,我们用市场化程度来衡量解释变量制度水平,具体数据指标来自美国传统基金会(The Heritage Foundation)和华尔街日报测算的世界经济自由度指数(Index of Economic Freedom)。世界经济自由指数由50项指标构成,用以反映10个领域的经济自由度，包括：(1)贸易政策；(2)政府财政开支；(3)政府对经济的干预；(4)货币政策；(5)资本流动和外国投资；(6)银行业和金融业；(7)工资和物价；(8)法律结构和产权保护；(9)规制；(10)非正规市场活动(黑市)。由此可见该指数总体上与一国的市场化程度相对应。2007 年以后该指数摒弃了过去 1—5 的评分办法，采用百分制(0—100)的评分办法，使评分和评价呈同向关系。在计算出各个领域指标得分后，进行简单平均，即得出某一经济体的综合指数，得分越高，说明经济自由度越高；反之，经济自由度越低。考虑到指标设置的合理性、权威性和数据的可得性，因此，本书采用经济自由化指数衡量各国的市场化程度是适合的。

被解释变量为本书测算的要素配置扭曲指数 misallocate，主要的解释变量为制度偏离程度，用一国当前的经济自由度指数与其最优经济自由度指数之差的绝对值表示，记为 gap_abs，数据来源于我们之后的测算结果。控制变量还包括：

(1) 一国的地理位置，用该国到赤道的距离表示，记为 lat。主要是用来控制那些可能影响要素配置效率的地理、气候等因素。

(2) 经济开放度，用进出口总额占 GDP 的比重表示，记为 open。对外开放一方面意味着一国可以在更大的市场范围内配置资源，另一方面也可以从对外开放中获取先进技术和管理经验，这些都会影响要素配置的效率。

(3) 外商直接投资，用外商直接投资的净流入额占 GDP 的比重来表示，记为 FDI。外商直接投资可以为本国企业形成示范效应，并带来先进的技术和管理经验。

(4) 城市化率，用城市人口占总人口的比重表示，记为 urbanratio。城市的集聚程度一般比较高，分工比较深化，可以提高资源的配置效率。

(5) 人口负担率，用工作年龄人口比重来表示，记为 agedepen。人口负担率决定了一国的劳动参与率以及劳动力的丰裕程度，劳动力的有效供给以及跨部门的转移都会影响要素的配置效率。

（6）通货膨胀率，记为 inflation。通货膨胀率主要是通过影响相对价格来影响要素配置的效率，当一国通货膨胀率较高时，价格信号出现混乱，就难以有效地配置资源。

（7）储蓄率，记为 saving。储蓄率会影响资本的供给，当资本供给短缺或过剩时都不利于要素配置效率的优化。

（8）人口密度，用每平方公里的人口数来表示，记为 popdens。人口密度是规模经济和集聚经济的重要决定因素，对于要素配置效率具有显著的影响。

（9）政府规模，用政府最终消费占 GDP 的比重来表示，记为 govconsum。适度的政府规模可以弥补市场的失灵，提供有效的公共品；但如果政府的规模过大，对经济的不合理干预程度过高，就不利于要素配置效率的提升。

本书中所使用的主要变量的基本描述性统计如表 6.1 所示：

表 6.1　主要变量的描述性统计

Variable	Obs	Mean	Std. Dev.	Min	Max
lnpopdens	944	4.17	1.21	0.86	6.24
lat	954	46.15	8.41	19.43	64.13
t	954	9.50	5.19	1	18
misallocate	954	95.04	2.53	82.92	99.65
gap_abs	910	5.22	4.16	0.01	18.63
open	949	89.13	43.86	16.75	333.53
fdi	936	4.77	7.02	−55.07	76.33
urbanratio	954	0.68	0.16	0.26	1
agedepen	954	50.07	7.32	36.04	92.92
inflation	953	13.07	52.75	−18.93	987.07
saving	949	21.15	11.94	−34.61	61.14
popdens	944	110.89	109.41	2.35	513.66
govconsum	949	18.06	4.70	5.69	29.79

注：misallocate 和 gap_abs 的数据根据后文的测算得到。

第二节 各国要素配置扭曲指数的估计

为了估算各国要素配置扭曲指数，根据第三部分的模型结果，首先计算 OECD 国家和转型国家要素产出弹性，假设同一类型国家的要素产出弹性相等。通过建立面板数据模型得到这两个类型国家的要素产出弹性（i 代表国家，t 代表年份）：

$$\ln Y_{it}=\alpha\ln K_{it}+\beta\ln L_{it}+ct+\varepsilon_{it} \tag{6.1}$$

其中，Y 为 GDP 总量，K 为资本投入，L 为劳动力投入。另外模型加入了以年份表示的时间变量作为控制变量。

各国 GDP 总量数据是以 2005 年不变价格核算的实际 GDP，单位是美元。劳动力数据是每年参与生产的劳动人数。以上数据均来源于世界银行 WDI Online 世界发展指标数据库。在跨国比较中，如何估算各国的资本存量序列数据是个难点，目前较为一致的做法是用“永续盘存法”来进行估算。本书也采取该方法，具体估算方法见附录 B。

劳动力价格数据来自国际劳工组织（ILO）发布的 KILM 8th Edition 数据库中的“制造业工人每小时补偿成本”与“人均年实际工作小时数”相乘得到，调整为以 2005 年不变价格为基期的实际价格，单位为美元。部分缺失数据通过欧盟统计局的 Euro STAT 数据库获得。

资本价格应该为使用资本的机会成本，所以用经济合作与发展组织（OECD）公布的“长期贷款利率”表示，亚洲国家数据来自亚洲银行（ABD）数据库公布的“年均贷款利率”，剩余缺失的国家数据来自联合国统计署，单位为百分比。

用面板数据分别使用固定效应和随机效应对（6.1）式进行估计，并经过 Hausman 检验应当采用固定效应对各地区要素产出弹性进行估计。

估计结果见表 6.2：

表 6.2　各地区要素产出弹性

	OECD 国家	转型国家
资本(K)	0.33	0.42
劳动力(L)	0.67	0.58

从表 2 的结果看，两个类型国家劳动的边际产出都高于资本的边际产出，说明经济产出劳动的贡献要大于资本贡献。OECD 国家资本边际产出低于转型国家，而劳动的边际产出高于转型国家，与转型国家相比，OECD 国家拥有更丰富的资本，而且与劳动力素质较高的实际情况相符。得到要素产出弹性后由公式(5.15)(5.16)(5.23)来估计要素配置扭曲指数 DI，单位是百分比。①

第三节　适宜制度的估计

在进行计量分析之前，我们首先要估计各国要素配置方式上的适宜制度。决定适宜制度的因素很多，包括一国的资源禀赋和制度禀赋(经济发展水平、文化传统、外部环境等)，但 OECD 国家在市场化改革过程中积累了更多的经验，要素配置扭曲现象也相对较轻，这意味着这些国家在要素配置的制度安排上对经济发展造成的阻碍相对较小，因此本书在控制了一些国家特征后，假设 OECD 国家在要素配置方式上接近或达到最适宜的制度安排，为此，我们将样本中 OECD 国家作为参照组，并以此为基础来估计一个反事实组的特征，即估计适宜制度。②Rajan & Zingales

① 为了节约篇幅，这里忽略了要素配置扭曲指数 DI 的估算结果，如有需要作者可以提供。

② 本书只想估计制度偏离与要素配置扭曲变化的趋势是否一致，并不一定要准确计算适宜制度，所以这样估计的适宜制度并不会产生系统性的偏差。

(1998)、Sethi & Kumar(2013)以及余静文(2013)同样将OECD国家的制度安排作为最优的制度参照系进行研究;Demirguc-Kunt et al.(2011)以及Sethi & Kumar(2013)将OECD国家的直接融资和间接融资比重作为最优金融结构的参照系进行研究。因此我们参考以上学者的研究方法,以这些国家的市场化程度作为参照样本来估计适宜制度。

选取的控制变量包括:

(1) 人均GDP的对数值,用Lngdppercap表示。一方面,人均GDP可以控制那些潜在的影响经济发展和适宜制度选择的因素如资源禀赋、气候、基础设施等;另一方面,不同的经济发展阶段,适宜制度的要求是不同的。因此,我们将人均GDP作为预测一国适宜制度的变量。

(2) 人口规模的对数,用Lnpop表示。人口规模主要用于控制国家的规模,因为大国和小国的适宜制度安排是不同的,譬如说小国就可以更多地依赖外部市场,而大国则可能更多地要依靠内需。因此,国家规模也是影响适宜制度的重要因素。

(3) 人口密度的对数,用Lnpopdens表示。人口密度高的地区,集聚程度就越高,信息交流便利,交易成本比较低,容易产生规模经济,市场的发育程度更高。因此,人口密度也是影响适宜制度的因素之一。

(4) 人口年龄结构,包括少年抚养比和老年抚养比。少年抚养比为0—14岁人口与15—64岁人口之比,用Youthdep表示;老年抚养比为65岁及以上人口与15—64岁人口之比,用Olddep表示。人口年龄结构决定了一国的储蓄率以及劳动力的供给规模,这些都会对一国的制度安排产生影响。

(5) 法律起源,包括英美法系(English)、法国体系(French)、德国体系(German)和北欧体系(Nordic)。法律本身就是制度安排的重要方面,而法律起源则直接决定了法律的形式以及效力,譬如英美法系就以判例法为主要形式。

(6) 距离赤道的距离，用纬度表示，记为 Lat。已经有诸多文献将距离赤道的距离作为制度的工具变量，譬如 Hall & Jones(1999)，他们认为到赤道的距离大致反映了各国受西方影响的深浅，从而可以反映不同制度的变化，并且到赤道的距离还会通过气候、地理等因素影响制度，因此它也是预测适宜制度的重要因素。

(7) 此外，我们还控制了时间趋势 t，用各年与 1995 年的差额来表示。

表 6.3 报告了适宜制度的估计结果。我们估计的目的是为了进行预测，如果采取固定效应的估计方法，就无法估计不可观测效应的系数，因而我们采用了普通最小二乘法进行估计。在表 3 中，我们采取了逐步加入各组解释变量的方法进行回归，在第(1)列中，我们仅控制了各国的经济发展水平即人均 GDP，在第(2)列中，我们仅控制了人口因素如人口规模和人口密度；第(3)列则控制了人口的年龄结构如少年抚养比和老年抚养比，第(4)列则控制了一国的法律起源和地理位置。可以发现，各组解释变量单独加入模型中，都与被解释变量显著相关，说明我们选取的变量具有较强的解释力。在第(5)列中，我们加入了上述所有的解释变量。根据第(5)列的回归结果，结合各国的数据进行拟合，就可以预测一国的适宜制度水平。

表 6.3　适宜制度的估计结果

	(1) overallscore	(2) overallscore	(3) overallscore	(4) overallscore	(5) overallscore
lngdppercap	4.942 *** (0.000)				4.888 *** (0.000)
lnpop		−0.733 *** (0.000)			−0.268 (0.148)
lnpopdens		−1.013 *** (0.000)			−0.212 (0.280)

（续表）

	(1) overallscore	(2) overallscore	(3) overallscore	(4) overallscore	(5) overallscore
youthdep			−44.81*** (0.000)		−30.19*** (0.000)
olddep			−55.38*** (0.000)		−60.55*** (0.000)
2.lawdum				−9.142*** (0.000)	−6.526*** (0.000)
3.lawdum				−4.337*** (0.000)	−3.627*** (0.000)
4.lawdum				−7.509*** (0.000)	−4.383*** (0.000)
lat				0.110*** (0.000)	−0.087 4** (0.020)
t					0.283*** (0.000)
_cons	19.70*** (0.000)	86.88*** (0.000)	95.33*** (0.000)	70.89*** (0.000)	52.33*** (0.000)
N	494	486	494	494	486
R^2	0.187	0.094	0.098	0.346	0.534

注:括号内为P值,*、** 和 *** 分别表示在10%、5%和1%水平上显著。

从第(5)列的回归结果可以看出,人均GDP与一国的经济自由度指数显著正相关,这主要是因为随着经济发展程度的提高,市场经济越来越发达,相应的市场机制也会更加健全,而人口规模和人口密度与经济自由度的相关关系都不显著。这一结论也是有一定合理之处的,譬如日本的人口密度较高而加拿大的人口密度较低,但两国的市场经济都是比较发达的。而人口年龄结构如少年扶养比和老年抚养比都与经济的自由度显著负相关，主要是因为二者都会降低一国的劳动力供给，影响市场规模的扩大。而在各种法律起源中，英美法系的经济自由度要显著高于法国体系、德国体系和北欧体系，这与我们的认识也是一致的。而在我们考察的OECD国家中，经济的自由化程度随着与赤道距离的增加而降低，并且各国的经济自由化指数都是随时间增加而提高的。

第四节　计量结果分析

在预测出各国适宜的经济自由度指数之后，我们采用各国实际的与适宜的经济自由度指数差额的绝对值来衡量各国的制度偏离程度。

如果采用固定效应方法进行回归，由于不可观测的个体效应存在，将无法进行回归拟合。因此我们首先采用OLS方法检验制度偏离程度对要素配置扭曲的影响，估计结果如表6.3的第(1)—(3)列所示。我们采用了逐步回归的方法，第(1)列中，我们仅纳入了主要的解释变量。可以发现，制度偏离程度与一国的要素配置扭曲之间呈现出显著的正相关关系，实际制度偏离适宜制度1个单元，平均而言，将会使要素配置扭曲提高0.119个单位。在第(2)列中，我们进一步控制了其他解释变量，第(3)列则在第(2)列的基础上加入了年份虚拟变量，在这两种情况下，制度偏离仍与要素配置扭曲显著正相关，并且如果制度偏离适宜制度一个单位，大约会使要素配置扭曲提高0.074或0.075 5个单位。基于第(3)列的回归结果，进一步分析其他控制变量的影响，可以发现，距离赤道的距离越远，要素配置的扭曲越高。表6.3的估计结果就表明，距离赤道的距离与一国的经济自由度显著负相关，可能会恶化要素的配置效率，这方面的典型的例子就是俄罗斯；而对外开放也与要素配置扭曲显著正相关。这一结论有些异常，我们猜测可能的原因是，一国的经济过于依赖外部市场，可能会加大经济运行的风险，并且会扭曲国内的价格体系。我国就是一个典型的例子，长期以来过于依靠出口、内需不足的增长方式可能会加大经济持续性增长的难度，并且企业主要依靠低成本优势参与竞争，难以掌握核心的竞争力；而城市化可以带来集聚效应和规模经济性，储蓄率的提升可以促进资本的积累，人口负担率的提升意味着工作年龄人口的增加，它们都可以显著提升要素的配置效率；通货膨胀由于导致了相对价格体系的混乱，会提高要素配置的扭曲程度；政府规模则显著提升了要素配置的效率，说明我们选取的样本国家的政府规模处于一个合理的水平上，在提供公共品等市场失灵的领域发挥了积极的作用。

接下来，我们采用分位数回归方法进行分析，回归结果如表 6.4 的(4)—(6)列所示。从分位数的回归结果来看，gap_abs 在 25%分位数、50%分位数和 75%分位数中的系数都显著为正，说明实际制度与适宜制度偏离程度的提高伴随着要素配置扭曲程度的提高；并且，较高分位数的 gap_abs 估计系数低于较低分位数，说明对于要素配置扭曲程度较低的国家来说，制度偏离的负面效应较大，随着要素配置状况的恶化，制度偏离的边际效应递减。

表 6.4　制度偏离程度与要素配置扭曲

misallocate	(1) OLS	(2) OLS	(3) OLS	(4) Quantile_25	(5) Quantile_50	(6) Quantile_75
gap_abs	0.119*** (0.000)	0.074 0*** (0.000)	0.075 5*** (0.000)	0.163*** (0.000)	0.085 8*** (0.000)	0.024 1* (0.091)
lat		0.044 9*** (0.001)	0.041 8*** (0.002)	−0.007 00 (0.710)	0.020 9 (0.209)	0.084 9*** (0.000)
open		0.004 11** (0.027)	0.005 76*** (0.002)	−0.000 147 (0.973)	0.005 82*** (0.000)	0.001 15 (0.508)
fdi		−0.008 74 (0.341)	−0.008 19 (0.377)	−0.005 87 (0.865)	−0.006 75 (0.446)	0.006 69 (0.348)

(续表)

misallocate	(1) OLS	(2) OLS	(3) OLS	(4) Quantile_25	(5) Quantile_50	(6) Quantile_75
urbanratio		−4.847*** (0.000)	−4.738*** (0.000)	−6.543*** (0.000)	−5.229*** (0.000)	−4.912*** (0.000)
agedepen		−0.037 8*** (0.002)	−0.043 7*** (0.000)	−0.074 6*** (0.000)	−0.066 1*** (0.000)	−0.024 5** (0.010)
inflation		0.006 15*** (0.004)	0.004 69** (0.011)	0.003 80 (0.260)	0.008 24 (0.425)	0.019 5*** (0.009)
saving		−0.024 0*** (0.001)	−0.024 5*** (0.000)	−0.033 9*** (0.000)	−0.023 2*** (0.000)	−0.018 7*** (0.000)
popdens		0.000 185 (0.816)	0.000 032 7 (0.967)	−0.002 18*** (0.000)	0.001 07 (0.349)	0.002 05*** (0.010)
govconsum		−0.091 9*** (0.000)	−0.096 1*** (0.000)	−0.031 1 (0.472)	−0.096 3*** (0.000)	−0.071 8*** (0.002)
_cons	94.41*** (0.000)	99.52*** (0.000)	100.5*** (0.000)	103.0*** (0.000)	102.3*** (0.000)	98.32*** (0.000)
年份	否	否	是	否	否	否
N R^2	910 0.039	898 0.242	898 0.275	898	898	898

注:括号内为P值,*、** 和 *** 分别表示在10%、5%和1%水平上显著。

结果显示制度偏离对要素配置效率具有明显负面影响,并且对于要素配置扭曲程度较低的国家来说,影响更大。一般来说,要素配置效率较好的国家经济处于高速增长阶段,适宜制度随着经济高速增长会发生较快变化,中国的情况与此类似,此时制度偏离对要素配置扭曲有更严重的负面影响;而要素配置效率较低的国家,制度偏离对要素配置效率的负面影响逐渐递减,而消除制度偏离的制度改革对要素配置效率的正面影响逐渐递增,如俄罗斯等国家在经过适当的改革后,国民经济复苏势头明显。

第五节　稳健性检验

为了得到较为稳健的估计结果，我们还考虑以下几个因素：

1. 制度偏离的符号。前文对制度偏离的测算，采用了绝对值的方法来表示，显然，这一做法未能考虑到制度偏离的符号。由前文分析可知，现有制度安排的市场化水平与适宜制度相比，如果过于超前，则制度偏离的符号为正；过于滞后，制度偏离的符号为负。不同符号的制度偏离对要素配置效率的影响是否存在差异。为了对此进行验证，我们根据制度偏离的符号将样本分为两个子样本来进行检验。值得注意的是：转型国家在大部分时间制度偏离符号为负（符号为负的样本有 511 个，符号为正的样本有 387），说明大部分转型国家的制度安排滞后于适宜制度的要求，这一估计结果与现实情况也较为相符。

2. 异常样本的影响。由于要素配置扭曲指数是经过一系列复杂计算的结果，我们担心要素配置扭曲指数存在异常样本点的影响，因此考虑将异常的样本点剔除后再进行估计。以各国样本期间内的平均要素配置扭曲指数为基础，将要素配置扭曲指数小于各国平均扭曲指数 5%分位数或大于其 95%分位数从样本中剔除，得到子样本来进行检验。具体检验结果如表 6.5 所示：

表 6.5　制度偏离程度与要素配置扭曲——稳健性检验

misallocate	(1)	(2)	(3)
gap	−0.041 8 (0.206)	−0.110*** (0.000)	
gap_abs			0.080 2*** (0.000)

（续表）

misallocate	(1)	(2)	(3)
lat	0.076 9*** (0.000)	0.041 4* (0.053)	0.007 26 (0.514)
open	0.013 3*** (0.000)	0.004 89** (0.046)	0.007 84*** (0.000)
fdi	−0.027 7 (0.139)	0.002 33 (0.826)	−0.004 74 (0.557)
urbanratio	0.677 (0.571)	−5.182*** (0.000)	−3.894*** (0.000)
agedepen	−0.031 4 (0.146)	−0.051 7*** (0.008)	−0.047 0*** (0.000)
inflation	0.034 1*** (0.000)	0.003 81** (0.011)	0.004 10* (0.062)
saving	−0.076 7*** (0.000)	−0.022 4*** (0.007)	−0.033 7*** (0.000)
popdens	−0.001 94** (0.042)	0.001 84 (0.150)	0.000 619 (0.357)
govconsum	−0.153*** (0.000)	−0.101*** (0.000)	−0.056 9*** (0.001)
_cons	96.89*** (0.000)	100.6*** (0.000)	100.8*** (0.000)
年份	是	是	是
N R^2	387 0.319	511 0.306	815 0.298

注：括号内为P值，*、** 和 *** 分别表示在10%、5%和1%水平上显著。

表6.5中，第(1)列仅考虑了制度偏离符号为正，即制度安排的市场化水平超前的国家，估计结果表明制度偏离对要素配置扭曲的影响并不显

著；而第(2)列考虑了制度偏离符号为负，即制度安排的市场化水平滞后的国家，由于制度偏离的值为负数，因此其系数为负恰好表明制度安排越滞后的国家，要素配置的扭曲程度越高，说明制度安排滞后于适宜制度要求的情况下才会带来显著的要素配置扭曲。第(3)列我们删掉了要素配置扭曲指数小于各国平均扭曲指数5%分位数或大于其95%分位数的极端值，但估计结果仍然表明制度偏离与要素配置扭曲显著正相关，表明前面的结果是比较稳健的。

第六节　本章结论

本章通过对53个国家(26个转型国家和27个OECD国家)1995—2012年的跨国数据进行分析，验证了制度偏离对要素配置效率负面影响假说，并且发现，制度偏离水平的绝对值降低一个单位，要素配置效率的提高可以使TFP平均增长大约7.5个百分点，而且对于要素配置扭曲程度较低的国家来说，制度偏离的负面效应较大，随着要素配置状况的恶化，制度偏离的边际效应递减。

要素配置效率较好的国家经济处于高速增长阶段，适宜制度随着经济高速增长会发生较快变化。中国的情况与此类似，此时制度偏离对要素配置扭曲有更严重的负面影响。而要素配置效率较低的国家，制度偏离对要素配置效率的负面影响逐渐递减，而消除制度偏离的制度改革对要素配置效率的正面影响逐渐递增，如俄罗斯等国家在经过适当的改革后，国民经济复苏势头明显。因此，转型国家在经济转型过程中应着眼于适宜制度，降低制度偏离水平。

第七章

中国的转型经验

通过以上的分析，以诺斯为代表人物的新制度经济学家们认为制度才是经济增长的最根本动力。尽管其他学派的经济学家更强调生产要素投入以及技术进步对经济增长的推动作用，但在制度经济学家眼里，这些都是制度发挥作用的结果。一个有效率的制度变迁可以使这些生产要素更好地发挥作用。自从中国改革开放以来，中国在经济建设上取得的成绩举世瞩目，因此也吸引了更多的学者和政策制定者来关注中国经济的发展。通过不同角度的研究，有些学者认为，中国经济增长的动力是生产要素的持续投入，属于粗放经济增长方式；也有学者认为，中国经济增长最大原因是技术进步带来的全要素生产率的上升。但从最近的研究文献可以发现，中国在经济转型过程中，市场化改革对经济增长也起到了至关重要的作用，比如，中国农村土地制度改革、国有企业改革、分税制改革等等，这些制度变迁极大地调动了生产要素投入的积极性，促进了经济的发展。从本书以上的分析，可以发现，中国经济经过了多年的高速增长以后，现在的市场化水平是否还适合当前的发展需要？如果要继续推进市场化改革，重点应该在哪些领域实施？接下来，我们将就这些问题进行探讨。

第一节　转型期中国制度偏离程度与要素配置效率变化

实际制度与适宜制度的偏离对要素配置效率有显著的负面影响，这对中国的经济改革而言有重要的政策含义。中国同其他独联体、中东欧国家一样，都是处于经济制度转型过程中，但在制度安排上中国与其他国家相比有显著的特殊性，集中体现在：一是中国实行社会主义市场经济体制，而其他转型国家大部分都是以自由市场经济为基础。二是与其他国家相比，中国的市场化水平仍然很低，并且近二十年没有显著变化。例如，2012 年中国经济自由度指数为 51.2，在 156 个经济体中居 126 位，这一位置低于绝大多数的东亚经济体、拉美国家和其他转型国家。

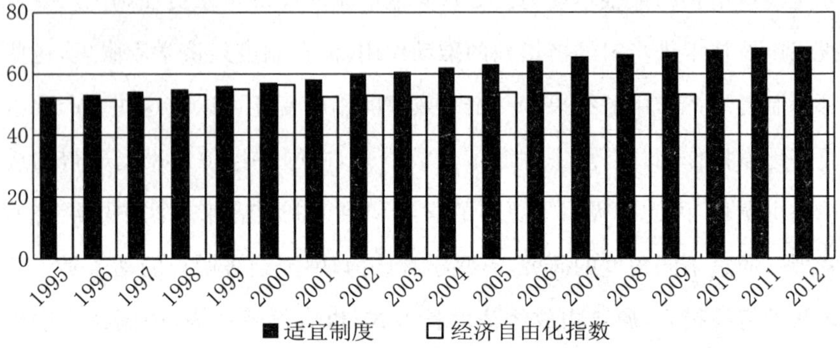

图 7.1　中国 1995—2012 年实际制度安排与适宜制度比较

如图 7.1 所示，1995—2012 年中国的经济自由度指数没有发生显著变化，但随着经济的发展，2012 年估算的中国适宜的经济自由度指数应该达到 68.7，这与中国实际指数 51.2 的水平形成了偏离，符号为负。

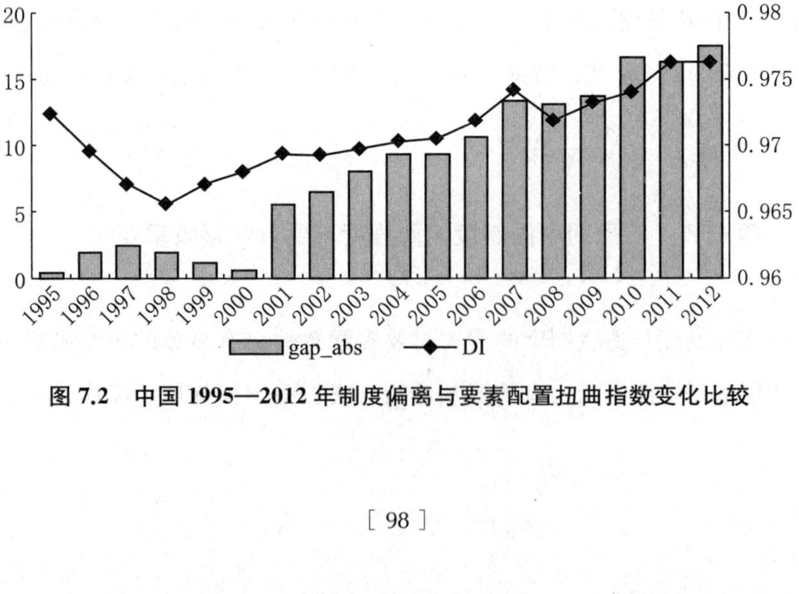

图 7.2　中国 1995—2012 年制度偏离与要素配置扭曲指数变化比较

通过图 7.2 可以发现，中国制度偏离与要素配置扭曲呈现密切的相关关系。在进入 21 世纪以前，中国较低的制度偏离使得要素配置扭曲指数逐年降低。这说明了中国在经济转型过程中实施的低市场化水平的制度安排是合适的，其制度安排接近适宜制度要求的水平，正因为如此，中国的经济发展才取得了举世瞩目的成就。进入 21 世纪以后，中国的制度偏离开始有了一定幅度的增大，同时造成了要素配置扭曲指数的提升。这反映了两点。第一，随着经济的发展和市场的完善，中国的制度禀赋发生变化，要求的适宜制度也发生了变化。第二，中国现在较低市场化水平的制度安排使制度偏离增大，对要素配置效率有负面影响。

以上分析说明中国要素市场的市场化改革速度明显落后于经济发展的需要，这使得非市场方式配置资源的成本日益增大。尽管中国在推进市场化改革方面实施了诸多措施，但制度偏离还是对要素配置效率造成了双重的负面影响。首先，根据分位数回归结果，对于要素配置扭曲程度较低的国家来说，制度偏离的负面效应更大。正如前面分析，21 世纪以前中国要素配置扭曲指数处于较低水平，进入 21 世纪后中国制度偏离开始提升，那么对要素配置效率的负面影响就更加严重。其次，从 1995 年到 2012 年中国经济的高速增长导致适宜制度水平不断提升，而且可以预见的是中国经济未来仍将保持 7%左右的增长速度，所以适宜制度水平仍然会呈现快速上升趋势。这与中国渐进的市场化改革相比，制度偏离会进一步加大，这也是中国要素配置扭曲指数近年不断提高的原因，从而导致其对经济发展负面影响增强。根据估计结果，如果消除所有的制度偏离，2012 年中国 TFP 总量将会增长近 31.25 个百分点。因此，中国应加快推进市场化改革进程，使市场化水平与适宜制度相匹配，可以为经济发展带来新的动力。

接下来，我们通过用 1998—2007 年的中国工业企业数据库和中国分省份的市场化进程指数作为制度质量的衡量指标，实证考察制度对企业微观生产率和企业间资源配置效率的作用。

第二节　市场化改革、要素配置效率与企业全要素生产率

中国的市场化改革推动了经济的发展，现有的研究文献已经证明了，全要素生产率（TFP）的增长为中国经济的发展作出了巨大贡献。Hsieh & Klenow（2009）的研究发现，社会全要素生产率（TFP）总量的提升，从微观角度上讲来自两方面：一是微观企业个体自身全要素生产率（TFP）水平的提升，二是来自要素配置效率的提高，生产要素从全要素生产率（TFP）水平低的企业流向全要素生产率（TFP）水平高的企业。

中国的市场化改革正是通过这方面发挥的作用。比如，国有企业通过产权制度的改革，提升了企业的激励机制，促进企业创新欲望和技术升级，推动了企业自身全要素生产率（TFP）水平的增长；同时，通过改革，改善了企业间要素配置效率，更多效率更高的民营企业蓬勃发展，促进了生产要素向更高效率的企业流动，从而提高了社会全要素生产率（TFP）总量。

一、数据说明

本节主要是通过1998—2007年中国工业企业数据进行实证分析，数据来源是中国工业企业数据库，该数据库是中国国家统计局对规模（年主营业务收入500万元）以上的非国有工业法人企业和全部国有企业统计报表数据库。工业行业共涉及三个部门企业：采矿业、制造业和电气水业，其中制造业在这三个部门所占比重最大。该数据库中，每一个企业都被赋予唯一代码。通过这些企业代码可以将时间不同的企业进行连接，以便形成面板数据进行研究。但由于在考察期内，企业存在进入、退出和合并等现象，使所得的数据为“非平衡面板”。比如，1998年符合条件的企业数量是16万家，至2007年企业数量已经达到了33万家，有一些企业

在这段时间内中途改变了代码。为了解决数据的"非平衡面板"问题，本书参考 Bai(2009)和 Brandt(2012)的方法，用企业的地址邮编、法人代表、名称等信息来核实企业代码，然后进行清理和重新匹配企业数据，最终形成新的面板数据。①然后对数据进行清理，清除连续经营 5 年以下的企业数据，删掉主要指数数据异常或缺失的企业数据，经过清理后，样本数据包含 157 832 家企业，共计 1 119 485 个观测值。

最终选取的变量指标如下：产出使用"工业总产值"数据表示；劳动力使用年平均从业人数表示；劳动力价格用年应付工资总额与年应付福利总额之和除以年平均从业人数表示；资本用固定资产年均净值余额表示。其中，工业总产值数据、中间投入根据各地区"工业品出厂价格指数"进行平减，资本采用固定资产投资价格指数进行平减，劳动力价格和其他指标用各地 CPI 进行平减，价格指数均来自《新中国 60 年统计资料汇编》。资本价格参考朱喜等(2011)的做法，假定价格为 0.1(7%的折旧率加 3%的实际利率)。经过处理以后，表 7.1 给出了样本企业主要变量的描述性统计。

表 7.1　1998—2007 年样本企业描述性统计

变　量	定　　义	均值	标准差	最小值	最大值
工业总产值	工业总产值(当年价格)价格平减	9.96	1.32	2.3	18.68
资　本	固定资产净值价格平减	4.78	1.67	2.3	18.82
劳动力	全部职工人数	8.35	1.1	2.3	18.53
劳动力价格	(本年应付工资总额＋本年应付福利总额)/年平均从业人数	14.55	64.66	0.01	75.05
企业年龄	报告期－企业成立年份＋1	10.94	10.73	1	59
资本劳动比	资本劳动比对数	3.56	1.33	－5.24	14.39

① 企业匹配按 5 个步骤进行：1.将第 t 年和第 $t+1$ 年原始代码相同的企业进行匹配；2.第 t 年存在，而 $t+1$ 年不存在的企业按照企业名称进行匹配。3.按照法人代表姓名和所在地的邮政编码都一致的企业进行匹配。4.所在地的邮政编码和电话号码都一致的企业进行匹配。5.匹配的企业第 $t+1$ 的编码命名为第 t 年的编码。

（续表）

变　量	定　　义	均值	标准差	最小值	最大值
出口密度	出口交货值/工业销售产值	15.44	32.72	0	100
企业规模	企业销售产值对数	9.93	1.33	2.3	18.68
外　资	外资＝1，内资＝0	0.75	0.49	0	1
补贴密度	补贴收入/工业销售产值	0.36	7.36	0	100

注：工业总产值、资本、劳动力和资本劳动比变量取对数形式；价格单位是千元；外商投资和港澳台企业归为外资企业，其他企业为内资企业。

二、主要指标的选取

（一）全要素生产率（TFP）

本书使用 Levinsohn & Petrin（2003）的方法估算样本企业的全要素生产率（TFP）。与传统 OLS 的计算方法比，该方法最大的优势可以解决企业同时选择资本存量和产出而存在联立性问题。计算发现，在考察期间我国工业企业的全要素生产率不断提高，企业平均全要素生产率（TFP）从 5.9 上升到 8.0。

（二）市场化水平指标

对于我国各省市的市场化水平指标的衡量，使用樊纲等（2011）编制的中国市场化指数表示。该指标具体计算方法可参考樊纲等（2011），共考察中国各省市在经济改革中关于政府与市场的关系、非国有经济的发展、产品市场的发育程度、要素市场的发育程度、市场中介组织发育和法律制度环境五个方面制度变迁情况。关于中国各省市平均市场化指数变化具体情况见图 7.1：1997—2009 年中国各省市的平均市场化水平得到了明显的提高。从 1997 年来看，全国平均市场化指数为 4.01，至 2007 年达到最高的 7.5，但 2008 年和 2009 年又有了一些回落。但从横向来比较来看，各省市之间差异较大，其中市场化指数最高的3个省市为：上海、浙江和广东，具体数值分别是：11.71、11.39和11.04；而市场化指数最低的3个省市为：西藏、青海和甘肃，具体数值为：4.25、4.64和5.31。通过这样一组数据对比，我们可以看到，中国的市场化改革在东西部区域存在较严重的不均衡问题。

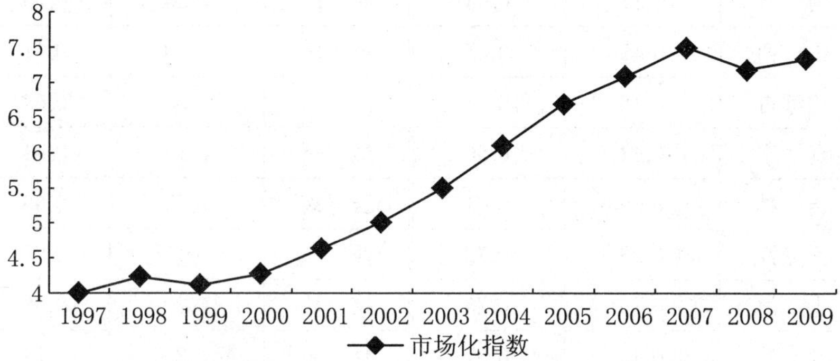

图 7.3　中国各省市平均市场化指数变化(1997—2009)

（三）要素产出弹性

为了衡量中国各省市要素配置效率，根据第六章的模型结果，首先利用1995—2012年数据来计算各省要素产出弹性，假设省内的要素产出弹性相等。通过建立面板数据模型得到每个省的要素产出弹性（i 代表省份，t 代表年份）：

$$\ln Y_{it}=\alpha\ln K_{it}+\beta\ln L_{it}+ct+\varepsilon_{it} \tag{7.1}$$

其中，Y 为GDP总量，K 为资本投入，L 为劳动力投入。另外模型加入了以年份 t 表示的时间变量作为控制变量。

使用面板数据对(7.1)式进行估计，Hausman检验结果表明，所有地区都应当使用固定效应模型估计。各省的要素产出弹性估计详细结果见表7.1，全国资本产出弹性为0.35，劳动力产出弹性为0.65，劳动力要大于资本的边际产出。

表 7.2　各省要素边际产出弹性

省　份	α	β	省　份	α	β
北　京	0.24	0.76	广　东	0.24	0.76
天　津	0.27	0.73	广　西	0.30	0.70
河　北	0.37	0.63	海　南	0.25	0.75
山　西	0.43	0.57	重　庆	0.29	0.71
内蒙古	0.48	0.52	四　川	0.38	0.62
辽　宁	0.44	0.56	贵　州	0.19	0.81
吉　林	0.39	0.61	云　南	0.34	0.66
黑龙江	0.28	0.72	西　藏	0.15	0.85
上　海	0.25	0.75	陕　西	0.42	0.58
江　苏	0.43	0.57	甘　肃	0.26	0.74
浙　江	0.35	0.65	青　海	0.26	0.74
安　徽	0.38	0.63	宁　夏	0.47	0.53
福　建	0.37	0.63	新　疆	0.32	0.68
江　西	0.36	0.64			
山　东	0.49	0.51	东　部	0.33	0.67
河　南	0.53	0.47	中　部	0.46	0.54
湖　北	0.37	0.63	西　部	0.34	0.66
湖　南	0.54	0.46	全　国	0.35	0.65

注：假设规模报酬不变，弹性系数已经标准化。

（四）行业的契约密集度

出于对数据可得性的考虑，本章参考 Nunn(2007)的方法来计算各行业的契约密集度指标。Nunn 将不同行业企业生产的产品根据交易类型分成三类：一类是通过机构进行交易的产品(organized exchanges)；二类是通过参照价格(reference price)进行交易的产品;三类是既没有机构,也没有参照价格进行交易的产品。产品不同,企业依赖关系专用型资产的投资则不同。显然,第一类产品由机构进行交易的中间投入品通常有较好的交易市场,依赖关系专用型资产的投资较少。同理,第二类产品和第三类产品则需要关系专用型的投资就会逐步增多。Nunn 利用美国不同行业的投入—产出数据,得到宽窄两个口径计算行业契约密集度的方法:

$$z_{it}^{1}=\sum_{j=1}^{n}\theta_{ij}R_{j}^{neither} \tag{7.2}$$

$$z_{it}^{2}=\sum_{j=1}^{n}\theta_{ij}(R_{j}^{neither}+R_{j}^{refprice}) \tag{7.3}$$

z_{it}^{1}是窄口径指标,而 z_{it}^{2}是宽口径指标。其中,$\theta_{ij}=u_{ij}/u_{i}$, u_{ij} 表示部门 i 使用的来自部门 j 的投入量。$u_{i}=\sum_{j=1}^{n}u_{ij}$ 表示部门 i 中使用所有部门投入的总和。$R_{j}^{neither}$ 表示部门 j 中既不是"机构交易产品",也没有"参考价格"交易产品所占的比重。$R_{j}^{refprice}$ 表示部门 j 中虽然不是"机构交易产品",但是存在"参考价格"交易的产品所占比重。z_{it}^{1}和 z_{it}^{2}反映了行业 i 的中间投入的契约密集度,其数值越高表明行业契约密集度越高。

考虑数据的可得性,我们很难使用国内数据测算契约密集度进行。王永进等(2010)认为行业的契约密集度受到一个国家或地区契约质量的影响,而美国契约制度相对完善,因此,采用美国契约密集数据可以最大程度地消除国家或地区特征对该指标的影响。因此,本书直接采用 Nunn(2007)测算的美国行业契约密集度数据,美国行业分类标准是 NAICS1997,直接转换为我国国民经济产业代码。得到 z_{it}^{1}和 z_{it}^{2}平均值分别为 0.532 和 0.892,不同行业契约密集度差异较大:以 z_{it}^{1}为例,最高的行业是运输设备制造业,指数为 0.859;最低的行业是钢铁产业,指数为 0.242。

(五) 无形资产和研发密集度

无形资产同样可以创造巨大的价值。关于无形资产密集度指标来自

Claessens & Laeven(2003)的计算数据，用无形资产与净固定资产比重表示。其中，无形资产包括商标、设计蓝图、专利、建筑设计、版权、计算机软件成本、准入证、特许权、商誉组织性成本等，净固定资产主要包括厂房和设备等。经过计算，无形资产密集度指标的平均值为71.5%。各行业之间存在巨大差别。比如，石油制品业最低，仅有2%，而出版印刷业最高，达到454%。

另外，我们将我国2003年的各行业规模以上企业的研发支出总额占销售额比重平均值来代替该行业的研发密集度。得到中国各研发密集度平均值大约为0.23%，不同行业在研发密集程度上也村子较大差异。

（六）其他变量

企业层面其他控制变量包括：企业规模（企业销售额）、企业年龄（创办时间）、资产负债率（负债与总资产比值）。另外，还控制了企业所有制类型的虚拟变量。

省级层面的控制变量有两个：一是人均产出水平指标，用来表示经济发展水平。我们估计市场化水平与经济发展水平应该有显著的正向关系，因此将经济发展水平作为控制变量，才能识别市场化水平对企业生产率的影响。二是财政自主度指标，用财政收入和财政支出的比重表示，用来衡量各省市的财政状况。因为，财政自主度高低，会影响政府对企业征税程度，对企业产出产生影响。

三、模型设定

首先，考察市场化改革对企业全要素生产率的影响，使用如下模型：

$$TFP_{ipt}=\beta_1 I_{pt}+\beta_2 X_{ipt}+\beta_3 M_{pt}+\lambda_i+\eta_t+\mu_{ipt} \tag{7.4}$$

其中，下标中的 t 表示不同的年份，p 表示不同的省市，i 表示不同的企业，没有特别说明，后面的模型都是这个含义。

TFP_{ipt}企业的全要素生产率；I_{pt}是企业所在省份的市场化水平，用市场化指数衡量；X_{ipt}是企业的控制变量，具体包括企业的规模、经营时间、所有制类型、资产负债率等；M_{pt}是省级的控制变量，包括人均产出和财政自主度两个指标；λ_i 是企业个体固定效应和 η_t 是年份固定效应；μ_{ipt}是随机扰动项，回归标准误群聚在省级层面。

接下来，考察市场化改革对不同类型行业的影响是否存在差异。因为从理论上看，越高的市场化水平对契约密集度高的行业影响更大，制度环境的改善会带来更好的契约执行效率，因此有助于提高企业的生产效率。本书利用 Nunn(2007)测算的行业契约密集度数据，来验证市场化改革对不同行业的影响，具体模型如下：

$$TFP_{ipt}=\beta_1 I_{pt}+\beta_2(I_{pt}\times z_j)+\beta_3 X_{ipt}+\beta_4 M_{pt}+\lambda_i+\eta_t+\mu_{ipt} \quad (7.5)$$

其中，z_j 反映的是行业 j 的契约密集度。β_2 是契约密集度与市场化水平交互项系数，如果 β_2 的估计值为正，那就说明市场化改革对契约密集度度高的行业企业 TFP 的影响更大。

从理论上讲，无形资产密集的行业更容易受到市场化水平高低的影响。因为，无形资产相比固定资产更容易受到制度环境的影响。本书利用 Claessens & Laeven(2003)测算的行业无形资产密集度数据来考察了市场化水平对企业 TFP 的影响是否在无形资产密集度高的行业更大，使用如下模型进行检验：

$$TFP_{ipt}=\beta_1 I_{pt}+\beta_2(I_{pt}\times Intan_j)+\beta_3 X_{ipt}+\beta_4 M_{pt}+\lambda_i+\eta_t+\mu_{ipt} \quad (7.6)$$

其中，$Intan_j$ 表示 j 行业的无形资产密集度，β_2 是无形资产密集度与市场化水平的交互项。如果 β_2 的符号为正，那么就说明市场化改革对无形资产密集度高的行业影响更大。同时，这也说明通过一个有效率的制度安排可以影响企业内部的资产配置而促进企业生产率的增长。比如，一个良好的市场环境，相比固定资产，企业将更多的资源配置到无形资产项目上。

研发投入对TFP增长的影响更是显而易见，而研发投入本身也是企业无形资产形成的一个重要组成部分。因此，将(7.6)式中无形资产密集度指标换成研发密集度指标，以便考察市场化改革对研发密集度高的行业是否有更大影响。

最后，本书将考察市场化改革对企业之间生产要素配置效率的影响。如果中国的市场化改革改善了微观企业间要素配置效率，那么就会表现为要素更多的从TFP低的企业配置到TFP高的企业，也就是说TFP高的企业生产要素投入增长更快。具体的计量模型如下：

$$G_{ipt}=\beta_1 I_{pt}+\beta_2(I_{pt}\times TFP_{j-1})+\beta_3 TFP_{j-1}+\beta_4 X_{ipt} \\ +\beta_5 M_{pt}+\lambda_i+\eta_t+\mu_{ipt} \tag{7.7}$$

其中，G_{ipt}表示企业的资产增长率。β_2表示市场化水平与滞后一期企业TFP的交互项，如果β_2的符号为正，则说明市场化改革让TFP水平更高的企业获得了更多的资产增长，也就说明市场化改革改善了微观企业间的要素配置效率。

四、实证结果与分析

（一）市场化改革对企业全要素生产率的影响

首先，本书考察市场化改革对企业全要素生产率的影响，对模型7.4的估计结果见表7.3。我们采用逐步回归的方式，在第(1)列仅纳入了市场化指数；在第(2)列中，纳入了企业层面的控制变量；在第(3)列中纳入了省级层面的控制变量；各列均控制企业固定效应和年份固定效应。

各列的估计结果显示，市场化指数系数符号为正，并且通过了显著性检验。这说明，中国市场化改革对企业全要素生产率的提高有显著的推动作用。从第(3)列的结果看，市场化程度每提高一个单位，企业全要素生产率将提高 3.42%。

表 7.3　市场化改革对企业生产率的影响

	(1)	(2)	(3)
I	0.037 2*** (4.303)	0.036 3*** (3.725)	0.034 2*** (3.846)
企业规模		0.121*** (13.92)	0.119*** (14.03)
负债率		−0.007 96 (−0.603)	−0.011 2 (−0.791)
企业年龄		−0.023 5*** (−5.639)	−0.024 8*** (−6.612)
人均产出			−0.434 (−1.376)
财政自主度			0.097 2 (0.913)
所有制虚拟变量	是	是	是
企业固定效应	是	是	是
年份固定效应	是	是	是
N	1 124 720	1 105 984	1 105 984
R^2	0.619	0.621	0.625

注：括号内为 p 值，*、** 和 *** 分别表示在 10%、5%和 1%水平上显著。

从其他解释变量的结果看，企业规模对全要素生产率的影响显著为正，说明中国企业发展还处于规模报酬递增阶段。负债率的符号为负，但没有通过显著性检验，说明企业负债率对全要素生产率的影响不显著。企业年龄系数符号为负，说明新兴企业的生产率水平更高。省级控制变量都没有通过显著性检验，对企业全要素生产的增长没有产生显著影响。

接下来，本书将要考察市场化改革对契约密度不同的行业是否有不同的影响。对(7.5)式的估计结果见表7.4：

表7.4　市场化改革、契约密集度与企业生产率

	(1)	(2) Quantile_75	(3)	(4) Quantile_75
I	−0.038 9*** (−4.564)	−0.033 2*** (−2.937)	−0.14 6*** (−4.016)	−0.12 1*** (−6.623)
$I\times z$(窄口径)	0.136*** (11.33)	0.114*** (10.82)		
$I\times z$(宽口径)			0.191*** (12.14)	0.162*** (10.06)
其他控制变量	是	是	是	是
所有制虚拟变量	是	是	是	是
企业固定效应	是	是	是	是
年份固定效应	是	是	是	是
N	1 105 984	1 105 984	1 105 984	1 105 984
R^2	0.617	0.623	0.605	0.609

注：括号内为p值，*、**和***分别表示在10%、5%和1%水平上显著。

在表7.4中，第(1)列和第(2)列纳入的是市场化水平与窄口径契约密集度指数交互项；第(3)列和第(4)列纳入的是市场化水平与宽口径契约密集度指数交互项。计量结果显示，市场化程度与契约密集度指数交互项的系数符号为正，并且通过了显著性检验，说明市场化改革对契约密集度高的行业促进作用更大。而根据契约密集度分位数估计看，随着契约密集度的升高，市场化水平促进生产率提高的边际作用越大。

然后，本书又考察了市场化水平是否提高了企业内部资产的配置效率，对(7.6)式的估计结果见表7.5：

表7.5 市场化转型对企业生产率的影响渠道

	(1)	(2) Quantile_75	(3)	(4) Quantile_75
I	0.027 8*** (3.381)	0.023 7*** (2.232)	0.028 2*** (3.379)	0.024 9*** (2.312)
$I \times Intan$ （无形资产）	0.014 2*** (9.504)	0.012 8*** (8.659)		
$I \times Intan$ （研发投入）			5.042*** (11.36)	4.272*** (10.53)
其他控制变量	是	是	是	是
所有制虚拟变量	是	是	是	是
企业固定效应	是	是	是	是
年份固定效应	是	是	是	是
N	1 105 984	1 105 984	1 105 984	1 105 984
R^2	0.608	0.613	0.609	0.617

注：括号内为p值，*、** 和 *** 分别表示在10%、5%和1%水平上显著。

在表7.5中，第(1)列和第(2)列纳入的是市场化水平与无形资产密集度指数交互项；第(3)列和第(4)列纳入的是市场化水平与行业研发密集度交互项。计量结果显示，交互项的系数符号全都为正，并且都通过了显著性检验。说明市场化改革对无形资产和研发密集度高的行业促进作用更大。而根据分位数估计看，随着无形资产和研发密集度的升高，市场化水平促进生产率提高的边际作用越大。

为了得到稳健的估计结果，本书还做了以下工作：

首先，在上述的回归中，本书控制了企业的所有制类型，这样在样本期间内的国有企业经过产权改革转变民营化本身促进生产率提高的贡献就被统计在内。但是，市场化改革是否也促进单纯的民营企业和外资企业生产率的提高？为了检验这个问题，本书将样本期间包含国有股份和集体股份的企业数据清除，然后重新回归，所得结论与上文结论依然一致。

然后，由于当期市场化改革产生的效果在下一期才可能体现，而且当期市场化水平的测算也与企业的一些相关变量存在联系，因此回归结果可能会产生内生性问题。为了解决这一问题，本书使用滞后一期的市场化进程指数重新进行回归，最后得到的结论依然成立。

（二）市场化改革对要素配置效率的影响

为了更进一步地考察中国市场化改革对要素配置效率的影响，本书继续对(7.7)式进行回归，结果见表7.6：

表7.6　市场化改革对要素配置效率的影响

	(1)	(2)
I	0.015 2*** (2.197)	0.014 1*** (2.103)
TFP_{j-1}	0.112*** (10.96)	0.086 4*** (9.752)
$I \times TFP_{j-1}$		0.006 16*** (4.937)
其他控制变量	是	是
所有制虚拟变量	是	是
企业固定效应	是	是
年份固定效应	是	是
N	927 658	925 356
R^2	0.195	0.198

注：括号内为p值，*、**和***分别表示在10%、5%和1%水平上显著。

根据模型(7.7)式，回归的被解释变量是企业资产总额增长率。从表7.6的第(1)列可以看到，全要素生产率高的企业资产总额可以获得更快的增长，并且通过了显著性检验。在第(2)列，可以看到市场化水平与滞后一期的TFP水平交互项系数符号也为正，并且在1%的水平下显著，这说明市场化改革让用有更高TFP水平的企业获得了更多要素的投入。因此，可以说中国的市场化改革改善了企业之间要素配置的效率。

为了得到一个稳健的分析结果，本书还做了以下相关工作：

首先，在原来进行计量分析的样本数据中，本书只保留了连续经营5年以上的企业数据，但低于这个年限的企业推出市场也会都要素配置效率产生影响。因此，我们放松了这一限制，使用了数据库中所有企业数据重新进行上述回归，依然得到相同的结论。

然后，由于当期市场化改革产生的效果在下一期才可能体现，而且当期市场化水平的测算也与企业的一些相关变量存在联系，因此回归结果可能会产生内生性问题。为了解决这一问题，本书使用滞后一期的市场化进程指数重新进行回归，最后得到的结论也依然成立。

第三节　本章结论

本章利用上一章研究的结论对中国的市场化改革情况进行分析，发现：1995—2012年中国市场化水平没有发生显著变化，也就是说，市场化改革的推进速度依然缓慢。以世界经济自由化指数来衡量市场化水平，截至2012年，中国市场化水平位51.2，这与本书估算的适宜制度要求的市场化水平68.7之间形成了巨大的偏离，并且符号为负。根据实际制度与适宜制度的偏离对要素配置效率有显著的负面影响的结论，可以说当前中国市场化水平已经落后于经济发展的需要。根据估计结果，如果消除所有的制度偏离，中国全要素生产率(TFP)总量将会增长近31.25个百分点。

研究发现,中国制度偏离与要素配置扭曲情况呈现密切的相关关系。在21世纪以前,中国制度偏离程度处于较低水平,改善了要素配置效率,这说明中国在经济转型初期实施的低市场化水平的制度安排是合适的,也是中国市场化改革取得成功的原因之一。但进入21世纪以后,中国的制度偏离开始有了一定幅度的增大,同时造成了要素配置扭曲指数的提升。这反映了两点:第一,随着经济的快速发展和市场的逐步完善,中国的制度禀赋也不断发生变化,要求的适宜制度水平也发生了变化。第二,中国当前低市场化水平的制度安排造成制度偏离的增大,对要素配置效率有负面影响。因此,加快市场化改革,可以提高要素配置效率,为中国经济发展带来新的动力。

然后,本章利用1998—2007年工业企业数据实证考察了中国市场化改革对企业全要素生产率和企业间要素配置效率的影响,发现:首先,市场化水平的提高促进了企业全要素生产率的提升,并且这种促进作用对于契约密集型产业更为明显。其次,市场化水平的提高,会促使企业将更多的资源投入到无形资产项目和研发中,从而优化企业内部资源配置效率。最后,市场化改革让拥有更高全要素生产率水平的企业获得了更多要素的投入。因此,可以说中国的市场化改革改善了企业之间要素配置的效率。

第八章

主要结论与政策建议

本书首先回顾了关于经济增长理论和制度经济学研究的相关文献。对于经济增长动力和国际间收入差距的解释从新古典模型开始，强调生产要素投入对经济的推动作用；发展至内生经济增长理论，强调技术的内生性对经济增长的作用；然后到制度经济学提出制度变迁才是经济增长的最终动力，而技术进步依然只是"传统资源禀赋"的延伸。现有的关于经济增长的实证研究表明，并可以得到一个较为一致的结论：各国全要素生产率(TFP)差异可以解释大多数国际间的收入差异，因此，对全要素生产率(TFP)出现差异原因的研究是现代经济学一个热点问题。

但从最近几年的研究结论看，生产要素配置扭曲会造成全要素生产率(TFP)总量的损失，而配置扭曲产生的原因主要是生产要素的配置方式上存在制度约束，进而形成市场壁垒。生产要素无法在市场上自由流动，最直观的表现是生产要素的价格与市场出清价格出现偏差或者是同种生产要素在不同部门之间的边际产出不相等。因此，一些国家由传统计划经济向市场经济转型，希望通过市场化改革来提高要素配置效率，促进经济的发展。但这些转型国家的发展历程却显示了不同的发展轨迹。为了更好地对要素配置扭曲产生的制度因素进行研究，本书以转型国家的视角进行理论分析和实证检验，现将得到的主要结论和相应的政策建议总结如下。

第一节　主要结论

本书的主要结论有：

1. 市场化改革对转型国家的经济绩效影响具有异质性。尽管诸多学者的研究已经证明，市场是配置资源的有效方式，加快市场化改革可以打破市场壁垒，加快生产要素的流动，提高要素的配置效率。但经研究发现，转型国家进行市场化改革的过程中，市场化水平对经济绩效产生了异质性影响。本书利用 26 个转型国家 1995—2012 年的面板数据，对市场化水平与转型国家经济水平之间的关系进行了实证分析。实证结果表明，市场化水平与转型国家经济绩效之间并没有显著关系，甚至引入经济自由化指数以后，资本和劳动力对经济增长的贡献度反而降低了。可见市场化水平对经济绩效有积极影响，但这种影响并不是简单直接的，它应该取决于一个国家诸多方面的因素，比如，资源禀赋和制度禀赋（包括生产力发展水平、文化传统、外部环境）等等。产生这种异质性影响的主要原因是：首先，转型国家在经济转型过程中正式制度与非正式制度的冲突会放大市场失灵。其次，非市场的方式（政府调控等）可以解决市场失灵问题，但也有可能落后于经济发展的需要。

2. 转型国家在经济转型过程中存在一个最优的过渡性制度安排——适宜制度。本书在适宜制度理论基础上继续拓展其内涵，适宜制度指在生产要素的配置方式上，市场和非市场（如政府宏观调控）方式调节边界的动态变化，不仅仅要与技术创新模式相适应，还要与本国的资源禀赋和制度禀赋（包括经济发展水平、文化传统、外部环境等因素）相适应，并且要根据条件的变化进行动态的调整。从劳动力配置效率角度和资本配置效率角度出发，可以得出经济转型的最优速度，进而得到市场化改革过程中最优的过渡性制度安排——适宜制度动态变化路径，发现适宜制度受到初始状态和经济发展速度的制约。

3. 转型国家在制度变迁过程中会与适宜制度会产生偏离。这种偏离产生的原因是：一是转型初期，大部分转型国家的经济发展与发达国家相比还处于较低的水平。二是大部分转型国家与发达国家所处的外部环境不同。三是文化和意识形态的差异决定了转型国家适宜制度各不相同。四是随着经济的发展和科技的进步,原有的资源禀赋和制度禀赋也发生变化,适宜制度也不断发生变化。

为了表示适宜制度内生性的问题,本书又构建了制度偏离这样一个参数来刻画实际制度与适宜制度的偏离程度,而制度偏离是产生要素配置扭曲的制度原因。通过对 53 个国家(26 个转型国家和 27 个 OECD 国家)1995—2012 年的跨国数据进行实证分析,验证了制度偏离对要素配置效率负面影响假说,并且发现,制度偏离水平的绝对值降低一个单位,要素配置效率的提高可以使全要素生产率(TFP)平均增长大约 7.5 个百分点,而且对于要素配置扭曲程度较低的国家来说,制度偏离的负面效应较大,随着要素配置状况的恶化,制度偏离的边际效应递减。

4. 中国制度偏离与要素配置效率呈现密切的相关关系。进入 21 世纪以后,中国的制度偏离开始有了一定幅度的增大,同时造成了要素配置扭曲指数的提升。通过对中国的经济转型进行分析发现:1995—2012 年中国的经济自由度指数没有发生显著变化,但随着经济的发展,2012 年估算的中国适宜的经济自由度指数应该达到 68.7,这与中国实际指数 51.2 的水平形成了偏离,符号为负。这反映了两点:第一,随着经济的发展和市场的完善,中国的制度禀赋发生变化,要求的适宜制度也发生了变化。第二,中国现在较低市场化水平的制度安排使制度偏离增大,对要素配置效率有负面影响。根据估计结果,如果消除所有的制度偏离,2012 年中国 TFP 总量将会增长近 31.25 个百分点。

5. 通过对 1998—2007 年工业企业数据的实证考察,发现中国市场化改革对企业全要素生产率和企业间要素配置效率有显著推动作用,具体表现在:首先,市场化水平的提高促进了企业全要素生产率的提升,并且这种促进作用对于契约密集型产业更为明显;其次,市场化水平的提高,会促使企业将更多的资源投入到无形资产项目和研发中,从而优化了企业内部资源配置效率；最后，市场化改革让拥有更高全要素生产率水平的企业获得了更多要素的投入。因此，可以说中国的市场化改革改善了企业之间要素配置的效率。

本书的研究可以说明，中国的经济转型虽然取得了世人瞩目的成就，但经济转型还远远没有完成。虽然当前市场化改革速度落后于经济发展的需要，对要素配置效率的提升造成了束缚，但也能看到，如果继续深化改革我国经济增长的潜力巨大。因此，我国经济长期增长的动力依然依赖于进一步的制度改革，改善要素配置效率。改革的重点应在契约密集度、无形资产和研发密集度高的行业进行。

第二节　政策建议

本书的结论对于中国进一步推进改革并提升经济绩效具有重要的政策含义：

一是中国应加快要素市场的市场化改革。本书的分析结论表明，目前中国的要素市场市场化改革进程与经济发展所要求的适宜制度存在偏离，有所滞后，因此，中国应继续加快要素配置方式的市场化改革进程，明确“市场在资源配置中起决定性作用和更好发挥政府作用”的关系。首先是消除劳动力市场的制度约束，引导劳动力的合理流动，如取消户籍限制、完善社会保障制度以减少部门间和区域间劳动力流动壁垒；同时健全劳动力价格增长机制，加大教育和人力资本投入，提高劳动力的价格弹性，减小劳动力的价格扭曲。其次，资本市场上应加快利率市场化、资产证券化以及直接融资等金融自由化改革，避免金融经济与实体经济需求产生偏离，积极疏通社会资金在金融体制内外的循环，实现资本市场建设的目标从资金筹集型向资源优化配置型转变，达到资本和劳动资源的最优配置。

二是深化国有企业改革，激发非公有制经济的活力和创造力。打破资源和权力垄断，促进要素自由流动，构建开放竞争的市场公平秩序，改变资本配置低效的局面。减少要素配置的制度障碍和区域分割，统筹东西部要素协调互动，促进生产要素再各区域之间的合理配置。

三是结合本国的实际情况实施制度创新。从适宜制度的角度出发，各国的经济禀赋和制度禀赋等方面差异很大，这就决定了处于经济转型中的发展中国家之间以及发展中国家与发达国家之间，适宜制度可能是不同的。转型国家在制度安排上借鉴他国经验的同时，应结合本国的实际情况实施制度创新，因此，尽管我国的要素市场的市场化进程存在滞后，但改革也不应简单追求自由化水平的提升，改革的阶段性目标应适应我国经济发展的水平和要求。

四是在改革的过程中要注意对可能出现的风险进行预估和监管。市场化改革的方向要继续坚持，节奏和力度也应合理把握，但改革不可避免会产生成本甚至带来风险。譬如，央行行长周小川在“中国发展高层论坛2015”上表示要于年内基本开放人民币资本账户，而资本项目的开放可能会带来一系列的金融风险甚至导致金融危机。因此，在开放资本账户的过程中要充分评估风险并遵循宏观审慎的原则，加强监管。又譬如，近来股市的剧烈震荡反映了监管当局对场外配资的监管失当及清理过急。这些事例都充分表明，对改革的风险进行充分评估和合理应对是保证改革顺利进行的必要保障。

第三节　本书研究存在的问题

受本人学识及掌握的资料所限，本书还有很多不足和有待改进之处：

首先，本书对适宜制度的估计是以 OECD 国家作为参照组的。假设 OECD 国家在要素配置方式上接近或达到最适宜的制度安排，虽然 OECD

国家在市场化改革过程中积累了更多的经验，要素配置扭曲现象也相对较轻，并且有很多学者也使用了类似的做法，但这种方式并不能准确估计出转型国家的适宜制度水平。但本书只想估计制度偏离与要素配置扭曲变化的趋势是否一致，并不一定要准确计算适宜制度，所以这样估计的适宜制度并不会产生系统性的偏差。

其次，本书在进行跨国数据的实证研究中，市场化水平指标用美国传统基金会构造的经济自由度指数衡量，这个指标的计算方法并不能完全真实的反映转型国家真实的市场化水平。因为，该指数有相当一部分考察的是一国政治自由度，但在很多转型国家政治体制改革思路与西方发达国家之间还没有形成统一标准。因此，按照美国传统基金会的经济自由度指数计算方法，有些国家在政治自由度指标上得分很低，这就会影响整个经济自由度指数的下降。因此，用此数据来衡量转型国家市场化水平对于本书计量结果的稳健性会存在一定影响。如何构造正确反映广大转型国家实际情况的市场化水平指标是未来经济研究的一个方向。

再次，关于影响要素配置效率的因素还需要进一步的挖掘。以往的研究文献将要素配置扭曲都是作为既定的存在进行实证检验和理论分析，而对于要素配置扭曲产生的原因由于衡量和归类上困难并没有形成完整的理论。从原则上说，任何影响市场发挥配置作用的因素都可能是引起要素配置扭曲的原因。本书在理论研究上试图对这方面进行一点补充，但由于数据的可得性等原因，也只从制度角度进行了分析，与复杂经济体系中造成要素配置扭曲的真实原因还有一定差距。

最后，考虑到数据的可得性和权威性，本书对中国转型经验的实证研究数据截至 2007 年。然而中国经济在 2008 年金融危机之后如何变化，对中国市场化改革是否造成影响，也是很有意义的研究，这部分的缺失是本书的一大遗憾。

附录 A:国家列表

OECD 国家	澳大利亚、奥地利、比利时、加拿大、智利、丹麦、芬兰、法国、德国、希腊、冰岛、爱尔兰、以色列、意大利、日本、韩国、卢森堡、墨西哥、荷兰、新西兰、挪威、葡萄牙、西班牙、瑞典、瑞士、英国、美国
转型国家	阿尔巴尼亚、亚美尼亚、阿塞拜疆、白俄罗斯、保加利亚、克罗地亚、捷克、爱沙尼亚、格鲁吉亚、匈牙利、哈萨克斯坦、吉尔吉斯斯坦、拉脱维亚、立陶宛、马其顿、摩尔多瓦、波兰、罗马尼亚、俄罗斯、斯洛伐克、斯洛文尼亚、塔吉克斯坦、土耳其、乌克兰、乌兹别克斯坦、中国

附录 B:资本存量的算法

各国的资本存量数据利用永序盘存法进行估算,具体的计算方法为:

$$K_t = K_{t-1}(1-\delta) + I_t$$

其中,I_t 为 t 期的固定资本形成额;δ 为折旧率,统一取 7%;K_t 为 t 期的物质资本存量。世界银行的 WDI Online 世界发展指标数据库提供了各国历年的以 2005 年美元计价的固定资本形成额。我们还需要确定基年的物质资本存量。我们将 1995 年确定为基期,假设这一期的资本存量是过去投资的累积,并假定固定资产投资遵循一个不变的增长率 λ,于是便可以得到 $I_t = I_0 e^{\lambda t}$,I_0 为初期的投资额。基期 1995 年的物质资本存量可以由下式计算得出:

$$K_{1\,995} = \int_{-\infty}^{1\,995} I_t (1-\delta)^{(1\,995-t)} dt = \int_{-\infty}^{1\,995} I_0 e^{\lambda t} (1-\delta)^{(1\,995-t)} dt$$

计算上式还需要获取 I_0 和 λ 的值,我们通过以下线形回归求得:

$$\ln I_t = \ln I_0 + \lambda t,\ t = 1\,995,\ 1\,996,\ \cdots,\ 2\,012$$

求得 I_0 和 λ 的值，我们便可以计算出基期 1995 年的物质资本存量，进一步利用 $K_t = K_{t-1}(1-\delta) + I_t$ 便可以得到各年的以 2005 年美元计价的物质资本存量。

附录 C：1995—2012 年转型国家相关数据

表 C1　1995—2012 年转型国家实际 GDP 水平（单位：亿美元）

年　份	1995	1996	1997	1998	1999	2000	2001	2002	2003
阿尔巴尼亚	49.4	53.9	48.4	54.5	60.0	64.4	68.9	70.9	75.0
亚美尼亚	21.5	22.7	23.5	25.2	26.0	27.5	30.2	34.2	39.0
阿塞拜疆	50.0	50.7	53.6	59.0	63.3	70.4	77.3	85.5	95.1
白俄罗斯	154.9	159.2	177.4	192.3	198.8	210.3	220.3	231.4	247.7
保加利亚	218.7	198.9	195.7	205.2	209.2	221.1	230.4	241.2	254.5
克罗地亚	305.0	323.0	344.2	351.0	347.3	360.3	373.5	391.7	412.8
捷　克	971.7	1 015.8	1 007.2	1 004.8	1 021.7	1 064.5	1 097.4	1 121.0	1 163.2
爱沙尼亚	71.2	75.4	84.2	90.0	89.7	98.4	104.6	111.5	120.1
格鲁吉亚	33.9	37.7	41.7	43.0	44.2	45.0	47.2	49.8	55.3
匈牙利	778.0	779.3	803.6	836.4	863.1	899.6	933.0	975.0	1 012.6
哈萨克	308.5	310.0	315.3	309.3	317.7	348.8	395.9	434.7	475.1
吉尔吉斯	15.6	16.7	18.3	18.7	19.4	20.4	21.5	21.5	23.0
拉脱维亚	82.1	85.3	92.3	96.7	101.2	108.2	116.9	124.5	133.5
立陶宛	144.2	151.7	163.1	175.5	173.6	179.2	191.3	204.5	225.4
马其顿	47.8	48.4	49.1	50.8	53.0	55.4	52.9	53.3	54.8
摩尔多瓦	23.9	22.7	23.0	21.5	20.8	21.2	22.5	24.3	25.9
波　兰	2 006.0	2 131.2	2 282.2	2 395.9	2 504.3	2 610.9	2 642.4	2 680.6	2 784.2
罗马尼亚	796.0	827.9	777.3	740.1	731.2	746.6	789.0	828.7	871.4
俄罗斯	5 236.9	5 048.4	5 119.0	4 847.7	5 158.0	5 673.8	5 962.7	6 245.5	6 701.2
斯洛伐克	408.4	436.7	456.1	476.0	476.2	482.7	499.5	522.4	547.3
斯洛文尼亚	241.8	250.6	263.0	272.3	286.8	299.0	307.8	319.6	328.9
塔吉克	14.5	12.1	12.3	12.9	13.4	14.5	16.0	17.7	19.6
土耳其	3 170.2	3 404.1	3 662.1	3 746.6	3 620.5	3 865.8	3 645.5	3 870.2	4 074.0
乌克兰	657.8	592.0	574.2	563.3	562.2	595.4	650.1	683.9	748.2
乌兹别克	91.0	92.6	97.4	101.6	105.9	110.0	114.6	119.2	124.2
中　国	9 155.1	10 155.3	11 171.7	12 210.4	13 166.9	14 170.1	15 346.3	16 740.1	18 418.3

（续表）

年　份	2004	2005	2006	2007	2008	2009	2010	2011	2012
阿尔巴尼亚	79.4	83.8	88.0	93.1	100.3	103.6	107.3	110.5	111.9
亚美尼亚	43.0	49.0	55.5	63.1	67.5	57.9	59.2	62.0	66.4
阿塞拜疆	104.8	132.5	178.2	222.8	246.8	270.0	283.1	283.3	289.5
白俄罗斯	276.0	302.1	332.3	361.0	398.0	398.7	429.6	453.4	461.2
保加利亚	271.6	289.0	307.7	327.4	347.7	328.6	329.9	335.9	337.9
克罗地亚	429.8	448.2	470.3	494.1	504.4	469.4	458.7	457.6	449.1
捷　克	1 218.4	1 300.7	1 392.0	1 471.8	1 517.4	1 449.0	1 484.8	1 511.8	1 496.4
爱沙尼亚	127.7	139.1	153.1	164.6	157.7	135.5	139.0	152.3	158.3
格鲁吉亚	58.5	64.1	70.1	78.8	80.6	77.6	82.4	88.1	93.6
匈牙利	1 061.1	1 103.2	1 146.2	1 147.5	1 157.8	1 079.1	1 092.6	1 107.9	1 089.4
哈萨克	520.7	571.2	632.4	688.6	711.4	719.9	772.5	830.4	871.9
吉尔吉斯	24.6	24.6	25.4	27.5	29.8	30.7	30.6	32.4	32.3
拉脱维亚	145.0	160.4	180.0	198.0	189.6	155.6	155.0	163.2	171.4
立陶宛	242.0	260.9	281.3	309.0	318.0	271.2	274.8	291.3	302.0
马其顿	57.4	59.9	62.9	66.7	70.0	69.4	71.4	73.4	73.1
摩尔多瓦	27.8	29.9	31.3	32.3	34.8	32.7	35.0	37.4	37.1
波　兰	2 933.0	3 039.1	3 228.4	3 447.4	3 624.2	3 689.1	3 832.1	4 002.7	4 078.9
罗马尼亚	9 50.9	991.7	1 078.2	1 145.7	1 235.7	1 151.7	1 140.9	1 167.2	1 171.4
俄罗斯	7 182.1	7 640.0	8 262.9	8 968.2	9 438.8	8 700.6	9 092.4	9 480.1	9 805.8
斯洛伐克	575.0	613.3	664.5	734.2	776.4	738.1	770.8	793.8	808.0
斯洛文尼亚	343.4	357.2	378.1	404.4	418.1	384.9	389.7	392.5	382.5
塔吉克	21.7	23.1	24.7	26.7	28.8	29.9	31.8	34.2	36.7
土耳其	4 455.5	4 829.8	5 162.7	5 403.8	5 439.4	5 176.9	5 650.9	6 146.7	6 277.4
乌克兰	838.8	861.4	924.3	997.3	1 020.3	869.3	905.8	952.9	954.8
乌兹别克	133.7	143.1	153.5	168.1	183.2	198.1	214.9	232.7	251.8
中　国	20 275.8	22 569.0	25 430.0	29 031.5	31 828.6	34 761.3	38 392.8	41 963.3	45 174.6

表 C2　1995—2012 年转型国家劳动力人数　（单位:万人）

年　份	1995	1996	1997	1998	1999	2000	2001	2002	2003
阿尔巴尼亚	138.0	137.0	137.1	135.7	134.7	133.8	133.1	133.3	131.9
亚美尼亚	150.2	148.3	147.1	146.9	147.2	147.3	147.8	146.4	145.1
阿塞拜疆	323.4	328.4	334.4	340.9	347.4	355.6	363.8	372.5	381.1
白俄罗斯	498.1	491.7	486.1	480.6	475.9	475.4	471.7	469.4	466.6
保加利亚	377.5	370.9	364.4	357.7	350.6	343.1	350.9	342.7	336.4
克罗地亚	211.0	202.3	204.9	201.3	203.1	196.5	195.5	193.9	194.8
捷　克	516.0	516.0	517.5	519.7	521.7	518.4	515.4	514.9	513.4
爱沙尼亚	70.1	69.4	68.8	67.7	66.3	66.9	67.1	65.8	67.7
格鲁吉亚	238.6	233.1	229.2	227.9	227.0	219.4	228.1	221.4	226.3
匈牙利	417.2	413.1	406.8	406.0	415.3	417.9	415.7	415.8	422.8
哈萨克斯坦	771.1	764.6	758.5	750.5	750.0	754.4	762.0	769.4	774.7
吉尔吉斯	187.1	190.6	194.4	198.5	202.8	206.7	210.1	213.6	217.4
拉脱维亚	120.3	116.0	115.4	114.8	112.2	109.1	109.8	113.0	111.1
立陶宛	179.2	176.2	173.0	170.8	171.3	168.4	164.6	162.9	169.2
马其顿	81.2	81.8	82.3	83.1	83.8	85.2	86.3	87.3	88.5
摩尔多瓦	173.2	172.0	170.3	169.0	167.8	166.3	161.7	161.4	146.4
波　兰	1 741.8	1 736.5	1 734.9	1 739.3	1 721.2	1 727.7	1 738.6	1 720.3	1 722.2
罗马尼亚	1 134.6	1 166.6	1 200.7	1 186.1	1 189.1	1 185.0	1 151.7	1 038.0	1 028.8
俄罗斯	7 049.5	6 969.8	6 833.9	6 770.8	7 248.2	7 278.8	7 153.1	7 257.5	7 398.1
斯洛伐克	248.1	251.8	251.7	253.5	257.1	259.6	263.3	263.5	266.6
斯洛文尼亚	96.0	94.3	96.0	98.0	96.6	96.0	97.0	97.4	96.3
塔吉克斯坦	215.5	218.2	221.5	225.0	229.4	234.9	241.8	249.4	258.2
土耳其	2 083.6	2 118.6	2 116.3	2 170.3	2 215.7	2 138.0	2 175.1	2 206.9	2 191.0
乌克兰	2 493.0	2 468.8	2 437.9	2 413.3	2 384.2	2 353.9	2 323.7	2 321.9	2 311.3
乌兹别克	803.4	826.1	851.7	876.7	897.0	921.3	944.3	969.6	993.7
中　国	67 707.2	68 595.2	69 565.0	70 515.9	71 437.9	72 432.6	73 136.0	73 892.3	74 632.0

（续表）

年　份	2004	2005	2006	2007	2008	2009	2010	2011	2012
阿尔巴尼亚	130.3	128.9	126.9	125.0	123.3	121.7	121.7	121.5	121.4
亚美尼亚	143.7	142.2	140.6	139.2	137.9	139.4	145.1	146.5	148.1
阿塞拜疆	390.0	398.6	407.8	416.2	429.5	445.8	451.5	462.6	474.1
白俄罗斯	463.4	459.5	455.3	451.2	447.1	443.0	445.3	446.4	447.5
保加利亚	341.4	335.5	347.8	351.2	358.1	350.6	341.7	334.7	335.5
克罗地亚	199.4	199.3	197.7	198.6	198.5	197.4	195.0	187.4	186.1
捷　克	512.8	516.9	518.0	518.7	521.2	525.4	524.0	524.2	528.1
爱沙尼亚	67.9	67.5	69.5	69.5	70.0	69.7	69.2	69.8	69.0
格鲁吉亚	223.3	226.5	229.3	229.4	230.0	232.8	235.7	238.1	239.4
匈牙利	422.3	427.0	430.9	429.6	427.2	427.3	431.0	433.4	438.7
哈萨克斯坦	779.4	794.0	808.2	823.8	837.7	862.9	876.3	890.8	903.7
吉尔吉斯	221.1	229.6	237.0	241.2	244.6	248.8	253.1	257.1	262.6
拉脱维亚	111.1	110.3	112.8	114.4	115.8	111.5	106.2	103.8	104.6
立陶宛	160.8	156.6	153.6	153.9	154.2	156.0	154.4	153.9	153.7
马其顿	85.8	88.9	91.5	92.9	94.5	95.6	96.5	96.6	96.4
摩尔多瓦	142.7	141.9	133.7	130.8	129.7	124.5	121.7	123.6	118.9
波　兰	1 729.4	1 745.1	1 733.5	1 733.3	1 758.6	1 786.8	1 814.1	1 839.0	1 852.6
罗马尼亚	1 020.1	990.9	1 006.6	993.7	974.3	964.4	965.3	953.6	960.2
俄罗斯	7 464.6	7 514.5	7 531.5	7 634.5	7 665.0	7 644.0	7 631.9	7 690.4	7 687.2
斯洛伐克	267.5	266.1	265.3	265.3	269.3	268.7	270.0	270.6	273.5
斯洛文尼亚	101.0	101.6	102.3	103.8	103.5	104.4	104.5	102.5	102.1
塔吉克斯坦	267.8	277.7	287.6	298.3	308.5	318.5	329.0	338.8	348.4
土耳其	2 186.5	2 232.9	2 264.1	2 304.4	2 375.3	2 473.7	2 564.5	2 663.4	2 705.0
乌克兰	2 312.2	2 331.4	2 329.0	2 325.8	2 321.2	2 316.4	2 314.5	2 315.2	2 312.5
乌兹别克	1 018.2	1 044.7	1 073.7	1 105.1	1 138.4	1 172.3	1 219.6	1 267.5	1 299.9
中　国	75 271.1	75 861.3	76 369.3	76 807.4	77 099.2	77 368.6	77 417.2	78 242.3	78 763.2

表 C3　1995—2012 年转型国家资本存量　（单位:亿美元）

年　份	1995	1996	1997	1998	1999	2000	2001	2002	2003
阿尔巴尼亚	55.7	62.9	66.6	70.8	77.3	87.8	100.7	111.0	120.8
亚美尼亚	19.0	21.7	24.0	26.4	28.8	31.9	35.0	39.7	45.9
阿塞拜疆	81.8	90.9	104.3	118.0	127.8	135.1	143.3	162.4	201.3
白俄罗斯	299.0	311.6	334.6	361.0	388.1	413.9	434.9	455.3	482.3
保加利亚	197.3	213.5	220.8	232.2	247.4	264.9	288.5	312.4	338.9
克罗地亚	340.0	373.2	419.3	461.4	500.0	533.3	568.7	612.8	673.2
捷　克	3 026.6	3 140.2	3 222.0	3 282.8	3 335.3	3 407.7	3 480.7	3 545.7	3 609.4
爱沙尼亚	178.5	185.9	196.6	210.2	217.5	227.6	239.3	255.6	275.7
格鲁吉亚	13.8	19.9	26.2	35.3	44.4	52.8	61.9	69.8	79.6
匈牙利	2 011.4	2 040.6	2 074.6	2 122.8	2 180.4	2 246.9	2 309.8	2 375.9	2 436.9
哈萨克斯坦	481.8	501.5	517.6	530.0	544.3	566.6	620.9	681.8	743.6
吉尔吉斯	17.7	20.2	21.1	22.1	23.6	25.7	27.6	29.2	30.3
拉脱维亚	101.9	109.0	117.3	133.3	147.3	163.2	180.8	197.8	216.5
立陶宛	307.5	317.0	331.2	349.9	363.4	371.5	384.0	398.6	418.2
马其顿	65.8	69.6	73.2	76.9	80.3	83.7	85.7	88.5	91.3
摩尔多瓦	33.3	35.4	37.5	39.8	40.9	41.3	41.4	42.5	44.3
波　兰	3 237.8	3 433.2	3 704.3	4 021.8	4 351.4	4 666.8	4 886.8	5 046.8	5 201.3
罗马尼亚	1 191.1	1 297.8	1 371.5	1 410.0	1 440.7	1 480.4	1 538.5	1 607.2	1 682.3
俄罗斯	8 508.7	8 922.9	9 234.7	9 371.2	9 457.3	9 752.1	10 195.7	10 601.5	11 093.4
斯洛伐克	1 188.8	1 244.1	1 311.5	1 389.8	1 433.0	1 457.2	1 497.6	1 535.8	1 563.7
斯洛文尼亚	529.3	548.6	572.8	600.5	634.6	668.6	698.8	724.4	753.1
塔吉克斯坦	18.7	19.0	19.8	20.2	21.0	20.6	20.6	21.1	22.0
土耳其	7 422.3	7 756.8	8 181.4	8 465.1	8 558.2	8 747.5	8 716.3	8 753.3	8 833.6
乌克兰	1 561.8	1 575.1	1 578.7	1 578.6	1 576.4	1 583.1	1 600.3	1 619.4	1 660.2
乌兹别克	197.9	213.4	225.9	238.6	248.5	255.4	267.9	273.9	278.4
中　国	16 997.5	19 238.8	21 565.1	24 188.6	26 977.6	29 922.9	33 112.1	36 864.1	41 537.3

（续表）

年　份	2004	2005	2006	2007	2008	2009	2010	2011	2012
阿尔巴尼亚	131.3	141.9	154.0	170.9	193.0	213.4	228.9	245.4	257.1
亚美尼亚	53.0	63.9	79.1	96.9	116.9	129.8	140.5	146.8	152.2
阿塞拜疆	247.7	285.1	318.1	343.5	365.3	390.5	414.6	442.7	475.0
白俄罗斯	518.4	562.2	621.4	691.2	775.4	864.2	972.7	1 063.5	1 144.3
保加利亚	370.4	418.9	474.6	535.3	614.6	666.5	695.0	718.7	740.7
克罗地亚	732.6	792.1	859.1	928.6	1 001.6	1 046.2	1 068.3	1 083.2	1 090.9
捷　克	3 672.6	3 751.3	3 845.9	3 974.3	4 102.7	4 172.5	4 244.9	4 312.6	4 356.2
爱沙尼亚	295.8	319.7	352.4	386.2	407.0	407.2	405.0	412.6	423.6
格鲁吉亚	90.1	101.8	112.6	125.0	133.5	136.1	142.5	151.7	164.4
匈牙利	2 507.3	2 583.1	2 651.5	2 715.9	2 777.0	2 805.6	2 807.3	2 799.8	2 778.0
哈萨克斯坦	822.1	924.3	1 050.6	1 183.8	1 291.8	1 401.5	1 491.3	1 558.8	1 630.6
吉尔吉斯	31.8	33.2	36.7	41.0	46.2	51.8	56.7	60.5	65.2
拉脱维亚	241.2	273.4	313.0	357.8	388.3	394.5	397.2	405.6	415.4
立陶宛	442.6	470.7	508.2	559.6	601.0	605.1	606.4	614.8	625.3
马其顿	94.8	98.1	102.3	108.3	115.4	121.1	126.3	132.6	145.5
摩尔多瓦	47.1	51.2	56.5	63.5	70.9	73.3	76.1	79.5	82.7
波　兰	5 367.5	5 545.6	5 791.8	6 129.7	6 507.3	6 832.8	7 115.5	7 426.0	7 689.5
罗马尼亚	1 771.6	1 882.7	2 027.1	2 231.2	2 469.4	2 578.0	2 679.5	2 795.0	2 912.2
俄罗斯	11 637.3	12 179.2	12 855.6	13 838.6	14 973.9	15 839.4	16 696.9	17 552.4	18 467.8
斯洛伐克	1 592.2	1 643.6	1 704.8	1 777.7	1 845.8	1 869.7	1 910.2	1 954.8	2 010.7
斯洛文尼亚	786.2	821.9	864.6	916.4	972.6	994.4	1 008.8	1 013.5	1 011.6
塔吉克斯坦	23.4	24.9	26.3	30.4	33.9	35.8	37.4	40.1	42.9
土耳其	9 121.6	9 498.8	9 984.7	10 443.2	10 794.2	10 912.1	11 217.0	11 773.0	12 221.0
乌克兰	1 733.1	1 801.0	1 902.3	2 039.2	2 165.7	2 173.6	2 195.8	2 219.0	2 250.0
乌兹别克	286.6	292.2	299.4	313.5	338.0	366.0	393.2	419.4	447.5
中　国	46 887.9	52 664.8	59 318.2	66 519.1	74 844.1	85 581.4	97 148.1	109 478.3	122 838.7

表 C4　1995—2012 年转型国家工资水平　　（单位：美元）

年　份	1995	1996	1997	1998	1999	2000	2001	2002	2003
阿尔巴尼亚	2 001.0	1 580.5	1 101.8	1 015.5	1 332.2	1 348.7	1 456.8	1 607.7	1 998.3
亚美尼亚	426.9	568.1	576.3	610.0	663.0	796.2	910.6	722.5	952.7
阿塞拜疆	577.5	715.0	962.9	1 399.0	1 132.9	1 068.7	1 075.9	1 150.9	1 372.3
白俄罗斯	2 165.0	1 969.6	1 091.1	711.5	1 335.3	3 998.3	2 934.0	2 418.7	2 140.9
保加利亚	571.4	2 019.7	1 932.1	1 863.8	1 793.5	1 614.4	1 581.5	1 700.5	2 120.8
克罗地亚	9 579.7	10 858.6	10 105.2	10 187.1	9 670.2	8 492.9	8 415.2	9 132.5	10 803.0
捷　克	5 403.4	8 676.2	7 755.1	7 809.7	7 570.2	7 273.5	7 356.5	8 800.3	10 631.2
爱沙尼亚	5 392.1	5 129.2	4 871.7	5 191.3	4 807.6	6 510.2	6 396.7	7 108.7	9 038.6
格鲁吉亚	587.0	609.1	783.8	922.4	733.8	812.5	897.2	946.2	995.5
匈牙利	10 212.4	13 797.9	11 385.9	10 149.6	9 489.1	8 254.5	8 280.3	9 526.7	11 071.7
哈萨克斯坦	5 184.3	4 819.2	4 423.3	3 991.9	2 719.9	2 689.4	2 639.8	2 654.9	2 718.4
吉尔吉斯	1 655.1	1 784.5	1 425.9	1 819.6	984.4	651.5	708.1	848.9	986.4
拉脱维亚	3 738.8	3 562.4	3 472.7	3 650.9	3 515.9	3 419.9	3 831.3	4 088.3	4 765.4
立陶宛	2 168.0	2 458.7	2 711.0	2 957.2	3 252.5	3 168.1	3 217.5	3 603.2	4 620.1
马其顿	4 285.2	4 162.2	3 380.3	3 175.9	3 054.9	2 464.4	2 075.3	2 267.7	4 611.4
摩尔多瓦	2 596.1	2 694.9	2 973.6	2 746.2	1 196.8	1 094.9	1 126.6	1 162.9	1 239.5
波　兰	6 442.1	6 234.6	2 735.5	2 549.8	2 072.3	1 768.6	2 069.6	2 117.5	2 397.6
罗马尼亚	5 169.7	3 643.4	12 342.8	9 326.4	5 885.2	4 218.5	3 391.8	3 064.0	3 085.6
俄罗斯	15 158.2	13 171.5	12 191.0	6 772.8	2 247.2	2 085.4	2 510.9	2 729.3	3 084.5
斯洛伐克	4 940.4	8 104.8	7 986.2	7 700.6	6 406.8	5 878.0	5 743.2	6 485.6	8 059.7
斯洛文尼亚	17 582.4	15 915.7	13 868.1	13 866.0	12 948.5	11 240.9	10 512.7	10 870.0	12 845.3
塔吉克斯坦	100.7	394.6	235.3	531.2	348.2	227.6	231.1	231.7	225.1
土耳其	30 290.9	18 623.8	10 538.3	46 564.4	33 419.2	23 116.3	10 447.6	8 020.3	10 139.3
乌克兰	3 891.6	3 214.0	3 025.8	2 201.0	1 142.3	910.2	1 134.0	1 314.0	1 491.9
乌兹别克	1 481.8	1 203.1	779.1	549.7	469.1	316.7	938.4	856.1	896.7
中　国	763.9	793.8	829.6	1 011.4	1 208.9	1 319.3	1 500.5	1 703.5	1 874.7

（续表）

年　份	2004	2005	2006	2007	2008	2009	2010	2011	2012
阿尔巴尼亚	2 295.1	2 401.6	2 619.5	3 490.1	4 545.0	4 122.6	3 466.3	4 703.1	4 432.6
亚美尼亚	1 120.1	1 428.9	1 695.4	2 311.4	2 832.8	2 677.8	2 578.3	2 783.7	2 697.1
阿塞拜疆	1 397.5	1 452.8	1 708.1	1 992.7	2 141.9	3 205.0	3 134.1	2 836.3	3 050.1
白俄罗斯	2 296.1	2 588.3	2 947.6	3 100.2	3 215.6	2 682.6	2 757.3	1 527.6	1 277.4
保加利亚	2 383.8	2 474.9	2 592.6	3 094.4	3 853.7	3 924.6	3 870.3	4 225.8	4 242.4
克罗地亚	12 309.0	12 601.0	13 105.4	14 570.5	16 014.1	14 889.7	14 120.4	14 509.5	13 305.7
捷　克	11 961.5	13 337.1	14 675.0	16 933.8	20 795.2	18 751.9	19 406.8	22 033.5	20 050.2
爱沙尼亚	10 288.5	11 075.1	12 012.7	14 239.4	16 244.4	14 323.6	13 836.8	15 136.0	14 369.0
格鲁吉亚	1 240.5	1 406.2	1 618.8	2 159.9	3 299.8	3 127.5	2 901.3	3 546.4	3 922.9
匈牙利	12 558.2	13 332.8	13 124.9	15 697.5	16 856.1	14 236.9	13 518.9	14 497.5	13 098.9
哈萨克斯坦	3 144.6	3 195.1	3 417.5	3 780.5	3 878.9	3 091.6	2 980.9	2 941.1	3 662.0
吉尔吉斯	1 134.4	1 238.0	1 694.9	1 601.1	1 148.1	1 078.6	1 066.7	1 130.5	1 273.4
拉脱维亚	5 165.9	5 178.9	5 889.7	7 084.9	7 920.5	7 283.5	6 925.8	7 191.4	6 545.3
立陶宛	5 289.0	5 528.7	6 123.2	7 418.2	8 629.5	8 135.6	7 286.0	7 472.3	7 338.9
马其顿	5 236.0	5 191.9	5 484.7	5 839.7	6 298.7	6 780.6	6 324.2	6 538.1	6 058.4
摩尔多瓦	1 512.5	1 573.0	1 546.0	1 746.6	2 220.2	2 025.0	1 765.0	1 874.4	1 980.2
波　兰	2 663.8	3 446.4	3 899.4	5 159.3	7 210.5	4 279.0	4 587.9	4 816.3	4 035.7
罗马尼亚	3 373.8	3 991.8	4 460.7	5 509.0	5 866.1	4 860.7	4 555.8	5 057.1	4 649.9
俄罗斯	3 350.5	3 627.6	4 073.5	4 861.4	5 389.5	4 474.2	4 593.1	4 633.3	4 793.6
斯洛伐克	9 274.2	10 295.6	11 304.9	14 677.3	17 952.6	18 909.6	18 261.1	19 528.2	18 434.0
斯洛文尼亚	14 361.3	14 859.2	15 514.7	19 853.1	22 163.8	20 955.4	20 845.4	22 185.1	27 880.7
塔吉克斯坦	273.5	321.5	349.3	369.8	410.2	372.0	389.7	409.2	420.7
土耳其	10 450.8	11 740.3	11 313.6	12 878.9	13 009.2	10 957.6	10 511.3	9 660.8	10 636.2
乌克兰	1 657.6	1 889.1	2 153.3	2 276.5	2 268.0	1 432.0	1 450.9	1 486.8	1 618.9
乌兹别克	1 012.9	905.4	1 599.4	1 774.3	2 129.8	1 580.6	1 614.1	1 886.2	1 623.0
中　国	1 998.1	2 222.3	2 520.8	2 907.3	3 453.2	3 944.6	4 228.9	4 776.3	5 281.7

表 C5　1995—2012 年转型国家实际利率水平　　（单位：%）

年　份	1995	1996	1997	1998	1999	2000	2001	2002	2003
阿尔巴尼亚	19.7	24.0	22.5	22.0	21.6	22.1	19.7	15.3	14.3
亚美尼亚	111.9	66.4	54.2	48.5	38.8	31.6	26.7	21.1	20.8
阿塞拜疆	19.5	19.5	19.5	19.5	19.5	19.7	19.7	17.4	15.5
白俄罗斯	8.4	7.2	7.1	7.3	6.7	8.0	8.5	7.7	6.9
保加利亚	79.4	291.1	213.0	14.1	13.5	11.3	11.1	9.2	8.5
克罗地亚	20.2	22.5	15.5	15.8	14.9	12.1	9.5	12.8	11.6
捷　克	12.8	12.5	13.2	12.8	8.7	7.2	7.2	6.7	5.9
爱沙尼亚	19.0	14.9	11.8	15.1	11.1	7.4	7.8	6.7	5.5
格鲁吉亚	58.4	58.4	49.8	35.8	29.7	24.7	22.3	23.6	23.8
匈牙利	32.6	27.3	21.8	19.3	16.3	12.6	12.1	10.2	9.6
哈萨克斯坦	7.5	7.5	7.5	7.5	7.5	7.5	6.2	6.2	6.2
吉尔吉斯	65.0	65.0	49.4	73.4	60.9	51.9	37.3	24.8	19.1
拉脱维亚	34.6	25.8	15.2	14.3	14.2	11.9	11.2	8.0	5.4
立陶宛	27.1	21.6	14.4	12.2	13.1	12.1	9.6	6.8	5.8
马其顿	45.9	21.6	21.4	21.0	20.4	18.9	19.4	18.4	16.0
摩尔多瓦	36.7	36.7	33.3	30.8	35.5	33.8	28.7	23.5	19.3
波　兰	33.5	26.1	25.2	24.5	16.9	20.0	18.4	12.0	7.3
罗马尼亚	50.7	55.1	72.5	55.3	65.6	53.9	45.4	35.4	25.4
俄罗斯	320.3	146.8	32.0	41.8	39.7	24.4	17.9	15.7	13.0
斯洛伐克	16.8	13.9	18.7	21.2	21.1	14.9	11.2	10.3	8.5
斯洛文尼亚	23.4	22.6	20.0	16.1	12.4	15.8	15.1	13.2	10.8
塔吉克斯坦	75.5	75.5	75.5	50.9	26.2	25.6	21.1	14.7	16.7
土耳其	9.6	9.6	9.6	9.6	9.6	9.6	8.7	4.2	3.7
乌克兰	122.7	79.9	49.1	54.5	55.0	41.5	32.3	25.3	17.9
乌兹别克	16.0	16.0	16.0	16.0	16.0	16.0	16.0	16.0	16.0
中　国	12.1	10.1	8.6	6.4	5.9	5.9	5.9	5.3	5.3

（续表）

年　份	2004	2005	2006	2007	2008	2009	2010	2011	2012
阿尔巴尼亚	11.8	13.1	12.9	14.1	13.0	12.7	12.8	12.4	10.9
亚美尼亚	18.6	18.0	16.5	17.5	17.0	18.8	19.2	17.8	17.2
阿塞拜疆	15.7	17.0	17.9	19.1	19.8	20.0	20.7	19.0	18.3
白俄罗斯	6.7	6.7	7.5	8.6	9.2	9.5	9.5	9.5	9.5
保加利亚	8.9	8.7	8.9	10.0	10.9	11.3	11.1	10.6	9.7
克罗地亚	11.7	11.2	9.9	9.3	10.1	11.6	10.4	9.7	9.5
捷　克	6.0	5.8	5.6	5.8	6.3	6.0	5.9	5.7	5.4
爱沙尼亚	5.7	4.9	5.0	6.5	8.5	9.4	7.8	6.1	5.7
格鲁吉亚	22.1	17.6	17.1	17.1	18.0	17.9	15.8	15.0	14.8
匈牙利	12.8	8.5	8.1	9.1	10.2	11.0	7.6	8.3	9.0
哈萨克斯坦	6.2	6.2	8.5	8.5	8.5	8.5	9.8	12.9	12.9
吉尔吉斯	29.3	26.6	23.2	25.3	19.9	23.0	31.5	40.2	12.8
拉脱维亚	7.4	6.1	7.3	10.9	11.9	16.2	9.6	6.4	5.5
立陶宛	5.7	5.3	5.1	6.9	8.4	8.4	6.0	6.0	6.0
马其顿	12.4	12.1	11.3	10.2	9.7	10.1	9.5	8.9	8.5
摩尔多瓦	20.9	19.3	18.1	18.8	21.1	20.5	16.4	14.4	13.4
波　兰	7.6	6.8	5.5	5.8	6.1	6.5	6.9	7.3	7.7
罗马尼亚	25.6	19.6	14.0	13.3	15.0	17.3	14.1	12.1	11.3
俄罗斯	11.4	10.7	10.4	10.0	12.2	15.3	10.8	8.5	9.1
斯洛伐克	9.1	6.7	7.7	8.0	5.8	6.0	6.3	6.5	6.8
斯洛文尼亚	8.7	7.8	7.4	5.9	6.7	5.9	6.2	6.5	6.9
塔吉克斯坦	20.3	23.3	14.4	22.7	23.7	22.6	24.2	24.8	25.2
土耳其	3.5	3.4	4.3	4.7	4.5	4.3	2.5	3.1	3.5
乌克兰	17.4	16.2	15.2	13.9	17.5	20.9	15.9	15.9	18.4
乌兹别克	16.0	16.0	14.0	14.0	14.0	14.0	14.0	12.0	12.0
中　国	5.6	5.6	6.1	7.5	5.3	5.3	5.8	6.6	6.0

表 C6　1995—2012 年转型国家经济自由度指数

年　份	1995	1996	1997	1998	1999	2000	2001	2002	2003
阿尔巴尼亚	49.7	53.8	54.8	53.9	53.4	53.6	56.6	56.8	56.8
亚美尼亚	—	42.2	46.7	49.6	56.4	63	66.4	68	67.3
阿塞拜疆	—	30	34	43.1	47.4	49.8	50.3	53.3	54.1
白俄罗斯	40.4	38.7	39.8	38	35.4	41.3	38	39	39.7
保加利亚	50	48.6	47.6	45.7	46.2	47.3	51.9	57.1	57
克罗地亚	—	48	46.7	51.7	53.1	53.6	50.7	51.1	53.3
捷　克	67.8	68.1	68.8	68.4	69.7	68.6	70.2	66.5	67.5
爱沙尼亚	65.2	65.4	69.1	72.5	73.8	69.9	76.1	77.6	77.7
格鲁吉亚	—	44.1	46.5	47.9	52.5	54.3	58.3	56.7	58.6
匈牙利	55.2	56.8	55.3	56.9	59.6	64.4	65.6	64.5	63
哈萨克斯坦	—	—	—	41.7	47.3	50.4	51.8	52.4	52.3
吉尔吉斯	—	—	—	51.8	54.8	55.7	53.7	51.7	56.8
拉脱维亚	—	55	62.4	63.4	64.2	63.4	66.4	65	66
立陶宛	—	49.7	57.3	59.4	61.5	61.9	65.5	66.1	69.7
马其顿	—	—	—	—	—	—	—	58	60.1
摩尔多瓦	33	52.5	48.9	53.5	56.1	59.6	54.9	57.4	60
波　兰	50.7	57.8	56.8	59.2	59.6	60	61.8	65	61.8
罗马尼亚	42.9	46.2	50.8	54.4	50.1	52.1	50	48.7	50.6
俄罗斯	51.1	51.6	48.6	52.8	54.5	51.8	49.8	48.7	50.8
斯洛伐克	60.4	57.6	55.5	57.5	54.2	53.8	58.5	59.8	59
斯洛文尼亚	—	50.4	55.6	60.7	61.3	58.3	61.8	57.8	57.7
塔吉克斯坦	—	—	—	41.1	41.2	44.8	46.8	47.3	46.5
土耳其	58.4	56.7	60.8	60.9	59.2	63.4	60.6	54.2	51.9
乌克兰	39.9	40.6	43.5	40.4	43.7	47.8	48.5	48.2	51.1
乌兹别克	—	—	—	31.5	33.8	38.1	38.2	38.5	38.3
中　国	52	51.3	51.7	53.1	54.8	56.4	52.6	52.8	52.6

(续表)

年　份	2004	2005	2006	2007	2008	2009	2010	2011	2012
阿尔巴尼亚	58.5	57.8	60.3	61.4	62.4	63.7	66	64	65.1
亚美尼亚	70.3	69.8	70.6	68.6	69.9	69.9	69.2	69.7	68.8
阿塞拜疆	53.4	54.4	53.2	54.6	55.3	58	58.8	59.7	58.9
白俄罗斯	43.1	46.7	47.5	47	45.3	45	48.7	47.9	49
保加利亚	59.2	62.3	64.1	62.7	63.7	64.6	62.3	64.9	64.7
克罗地亚	53.1	51.9	53.6	53.4	54.1	55.1	59.2	61.1	60.9
捷　克	67	64.6	66.4	67.4	68.1	69.4	69.8	70.4	69.9
爱沙尼亚	77.4	75.2	74.9	78	77.9	76.4	74.7	75.2	73.2
格鲁吉亚	58.9	57.1	64.5	69.3	69.2	69.8	70.4	70.4	69.4
匈牙利	62.7	63.5	65	64.8	67.6	66.8	66.1	66.6	67.1
哈萨克斯坦	49.7	53.9	60.2	59.6	61.1	60.1	61	62.1	63.6
吉尔吉斯	58	56.6	61	60.2	61.1	61.8	61.3	61.1	60.2
拉脱维亚	67.4	66.3	66.9	67.9	68.3	66.6	66.2	65.8	65.2
立陶宛	72.4	70.5	71.8	71.5	70.9	70	70.3	71.3	71.5
马其顿	56.8	56.1	59.2	60.6	61.1	61.2	65.7	66	68.5
摩尔多瓦	57.1	57.4	58	58.7	57.9	54.9	53.7	55.7	54.4
波　兰	58.7	59.6	59.3	58.1	60.3	60.3	63.2	64.1	64.2
罗马尼亚	50	52.1	58.2	61.2	61.7	63.2	64.2	64.7	64.4
俄罗斯	52.8	51.3	52.4	52.2	49.8	50.8	50.3	50.5	50.5
斯洛伐克	64.6	66.8	69.8	69.6	70	69.4	69.7	69.5	67
斯洛文尼亚	59.2	59.6	61.9	59.6	60.2	62.9	64.7	64.6	62.9
塔吉克斯坦	48.7	50.4	52.6	53.6	54.4	54.6	53	53.5	53.4
土耳其	52.8	50.6	57	57.4	59.9	61.6	63.8	64.2	62.5
乌克兰	53.7	55.8	54.4	51.5	51	48.8	46.4	45.8	46.1
乌兹别克	39.1	45.8	48.7	51.5	51.9	50.5	47.5	45.8	45.8
中　国	52.5	53.7	53.6	52	53.1	53.2	51	52	51.2

注:“—”为数据缺失的年份。

表 C7　1995—2012 年转型国家 DI 指数

年　份	1995	1996	1997	1998	1999	2000	2001	2002	2003
阿尔巴尼亚	0.972	0.969	0.966	0.960	0.964	0.963	0.963	0.961	0.964
亚美尼亚	0.979	0.977	0.976	0.974	0.973	0.973	0.972	0.962	0.965
阿塞拜疆	0.970	0.974	0.979	0.982	0.979	0.977	0.976	0.975	0.976
白俄罗斯	0.972	0.968	0.950	0.933	0.952	0.976	0.971	0.965	0.958
保加利亚	0.953	0.988	0.987	0.956	0.954	0.945	0.945	0.941	0.945
克罗地亚	0.975	0.977	0.971	0.972	0.972	0.966	0.962	0.967	0.969
捷　克	0.968	0.975	0.974	0.974	0.969	0.964	0.964	0.966	0.967
爱沙尼亚	0.979	0.975	0.969	0.972	0.967	0.964	0.963	0.962	0.963
格鲁吉亚	0.968	0.969	0.972	0.973	0.969	0.970	0.971	0.972	0.972
匈牙利	0.984	0.985	0.981	0.978	0.976	0.970	0.969	0.968	0.969
哈萨克斯坦	0.978	0.977	0.975	0.975	0.968	0.965	0.958	0.956	0.955
吉尔吉斯	0.992	0.992	0.989	0.992	0.988	0.984	0.982	0.982	0.980
拉脱维亚	0.979	0.974	0.966	0.966	0.965	0.960	0.960	0.955	0.950
立陶宛	0.971	0.969	0.963	0.961	0.965	0.962	0.956	0.949	0.950
马其顿	0.985	0.979	0.976	0.975	0.974	0.969	0.968	0.969	0.978
摩尔多瓦	0.990	0.991	0.991	0.991	0.987	0.986	0.984	0.982	0.979
波　兰	0.981	0.977	0.962	0.959	0.945	0.943	0.947	0.937	0.926
罗马尼亚	0.986	0.983	0.993	0.992	0.990	0.987	0.983	0.978	0.974
俄罗斯	0.997	0.995	0.990	0.988	0.976	0.967	0.965	0.964	0.962
斯洛伐克	0.971	0.976	0.978	0.978	0.976	0.971	0.967	0.967	0.967
斯洛文尼亚	0.983	0.981	0.978	0.976	0.970	0.970	0.968	0.967	0.966
塔吉克斯坦	0.968	0.988	0.984	0.988	0.979	0.971	0.966	0.958	0.957
土耳其	0.987	0.982	0.973	0.989	0.987	0.983	0.973	0.955	0.956
乌克兰	0.995	0.993	0.992	0.991	0.987	0.982	0.980	0.979	0.976
乌兹别克	0.986	0.985	0.980	0.975	0.973	0.965	0.981	0.980	0.980
中　国	0.972	0.970	0.967	0.966	0.967	0.968	0.969	0.969	0.970

（续表）

年　份	2004	2005	2006	2007	2008	2009	2010	2011	2012
阿尔巴尼亚	0.963	0.964	0.965	0.971	0.973	0.972	0.969	0.973	0.971
亚美尼亚	0.965	0.968	0.968	0.973	0.976	0.980	0.981	0.981	0.979
阿塞拜疆	0.977	0.974	0.971	0.969	0.969	0.974	0.974	0.972	0.974
白俄罗斯	0.956	0.956	0.959	0.961	0.961	0.959	0.958	0.940	0.935
保加利亚	0.948	0.948	0.950	0.957	0.964	0.967	0.967	0.967	0.967
克罗地亚	0.971	0.971	0.969	0.970	0.973	0.975	0.974	0.973	0.972
捷　克	0.968	0.968	0.967	0.969	0.973	0.972	0.972	0.974	0.972
爱沙尼亚	0.965	0.962	0.963	0.969	0.976	0.978	0.975	0.972	0.970
格鲁吉亚	0.974	0.973	0.974	0.976	0.982	0.982	0.980	0.981	0.981
匈牙利	0.974	0.969	0.968	0.973	0.975	0.975	0.970	0.972	0.972
哈萨克斯坦	0.957	0.956	0.961	0.962	0.963	0.960	0.960	0.963	0.966
吉尔吉斯	0.984	0.985	0.987	0.987	0.982	0.983	0.986	0.987	0.982
拉脱维亚	0.956	0.950	0.955	0.965	0.971	0.978	0.971	0.964	0.958
立陶宛	0.950	0.946	0.946	0.955	0.962	0.967	0.958	0.957	0.955
马其顿	0.976	0.976	0.975	0.975	0.975	0.977	0.975	0.975	0.975
摩尔多瓦	0.981	0.980	0.978	0.980	0.983	0.983	0.978	0.977	0.977
波　兰	0.929	0.935	0.931	0.940	0.951	0.936	0.939	0.941	0.936
罗马尼亚	0.974	0.973	0.969	0.971	0.973	0.973	0.971	0.970	0.968
俄罗斯	0.960	0.960	0.960	0.961	0.966	0.969	0.964	0.959	0.961
斯洛伐克	0.969	0.965	0.967	0.970	0.968	0.971	0.970	0.971	0.971
斯洛文尼亚	0.966	0.964	0.963	0.964	0.967	0.968	0.968	0.969	0.974
塔吉克斯坦	0.962	0.967	0.961	0.969	0.971	0.969	0.970	0.970	0.970
土耳其	0.953	0.953	0.955	0.959	0.959	0.958	0.942	0.943	0.949
乌克兰	0.974	0.975	0.975	0.974	0.976	0.976	0.972	0.971	0.974
乌兹别克	0.981	0.978	0.983	0.983	0.984	0.981	0.980	0.980	0.978
中　国	0.970	0.970	0.972	0.974	0.972	0.973	0.974	0.976	0.976

参考文献

[1] 中共中央马克思恩格斯列宁斯大林著作编译局:《马克思恩格斯选集》,人民出版社 2012 年版。
[2] 科斯、诺斯等:《财产权利与制度变革》,上海三联书店 1994 年版。
[3] 诺斯:《经济史上的结构和变革》,商务印书馆 2010 年版。
[4] 诺斯、托马斯:《西方世界的兴起》,华夏出版社 1999 年版。
[5] 诺斯:《制度、制度变迁与经济绩效》,上海三联书店 1994 年版。
[6] 诺斯:《对制度的理解》,经济科学出版社 2003 年版。
[7] 凡勃伦:《有闲阶级论》,商务印书馆 2011 年版。
[8] 施莱弗、维什尼:《掠夺之手》,中信出版社 2004 年版。
[9] 奥尔森:《权力与繁荣》,上海人民出版社 2005 年版。
[10] 奥尔森:《国家兴衰探源》,上海世纪出版社 2007 年版。
[11] 佩尔森、塔贝里尼:《政治经济学:对经济政策的解释》,中国人民大学出版社 2007 年版。
[12] 约瑟夫·布拉西:《失去的机会——俄罗斯的经济改革为什么会失败》,上海译文出版社 1991 年版。
[13] 马歇尔·戈德曼:《克里姆林宫的经济私有化》,远东出版社 1998 年版。
[14] 丹尼·罗德里克:《相同的经济学不同的政策处方》,中信出版社 2009 年版。
[15] 斯蒂格利茨:《政府为什么干预经济》,中国物资出版社 1998 年版。
[16] 斯蒂格利茨:《社会主义向何处去》,吉林人民出版社 1998 年版。
[17] 哈耶克:《自由秩序原理》,上海三联书店 1997 年版。

[18] 哈耶克:《通往奴役之路》,中国科学出版社 1997 年版。
[19] 哈耶克:《个人主义与经济秩序》,北京经济学院出版社 1989 年版。
[20] 林毅夫:《中国的奇迹:发展战略与经济改革》,上海人民出版社 1999 年版。
[21] 吴敬琏:《当代中国经济改革教程》,上海远东出版社 2010 年版。
[22] 吴敬琏:《经济学与中国经济改革》,上海人民出版社 1995 年版。
[23] 蔡昉:《刘易斯拐点——中国经济发展新阶段》,社会科学文献出版社 2008 年版。
[24] 樊纲、王小鲁、朱恒鹏:《中国市场化指数——各地区市场化相对进程 2011 年报告》,经济科学出版社 2011 年版。
[25] 孔泾源:《中国经济生活中的非正式制度安排》,《经济研究》1992 年第 7 期。
[26] 袁志刚、解栋栋:《中国劳动力错配对 TFP 的影响分析》,《经济研究》2011 年第 7 期。
[27] 朱喜、史清华、盖庆恩:《要素配置扭曲与农业全要素生产率》,《经济研究》2011 年第 5 期。
[28] 胡和立:《1988 年我国租金价值的估算》,《经济社会体制比较》1989 年第 5 期。
[29] 卢峰、姚洋:《金融压抑下的法治、金融发展和经济增长》,《中国社会科学》2004 年第 1 期。
[30] 盛仕斌、徐海:《要素价格扭曲的就业效应研究》,《经济研究》1999 年第 5 期。
[31] 李新:《普京时期的俄罗斯经济转型:从制度移植到制度创新》,《俄罗斯研究》2007 年第 6 期。
[32] 李若谷:《中国崛起的关键是“制度适宜”》,《经济导刊》2014 年第 5 期。

[33] 王永钦:《市场、政府与适宜的制度:对经济转型和制度变革的理论反思》,《学习与探索》2010 年第 5 期。

[34] 黄金老:《金融自由化的最优安排》,《国际金融研究》2002 年第 1 期。

[35] 章奇、何帆、刘明兴:《金融自由化、政策一致性和金融脆弱性:理论框架与经验证据》,《世界经济》2003 年第 12 期。

[36] 陈永伟、胡汉民:《价格扭曲、要素错配和效率损失:理论和应用》,《经济学(季刊)》2011 年第 4 期。

[37] 樊纲、王小鲁、马光荣:《中国市场化进程对经济增长的贡献》,《经济研究》2011 年第 9 期。

[38] 郭庆旺、贾俊雪:《中国全要素生产率的估算:1979—2004》,《经济研究》2005 年第 6 期。

[39] 李琦:《中国劳动份额再估计》,《统计研究》2012 年第 10 期。

[40] 孙琳琳、任若恩:《中国资本投入和全要素生产率的估算》,《世界经济》2005 年第 12 期。

[41] 徐现祥、舒元:《基于对偶法的中国全要素生产率核算》,《统计研究》2009 年第 5 期。

[42] 张军、施少华:《中国经济全要素生产率变动:1952—1998》,《世界经济文汇》2009 年第 7 期。

[43] 张佩、马弘:《借贷约束与资源错配——来自中国的经验数据》,《清华大学学报(自然科学版)》2012 年第 9 期。

[44] 张佩:《中国工业部门的行业间资源错配研究》,《投资研究》2013 年第 6 期。

[45] 简泽:《企业间的生产率差异、资源再配置与制造业部门的生产率》,《管理世界》2011 年第 5 期。

[46] 姚战琪:《生产率增长与要素再配置效应:中国的经验研究》,《经济研究》2009 年第 11 期。

[47] Acemoglu D, Johnson S, Robinson J A. 2001. The colonial origins of comparative development: An empirical investigation. *American Economic Review*: 91(5), 1369—1401.

[48] Acemoglu D, Verdier T. 1998. Property Rights, Corruption and the Allocation of Talent: A General Equilibrium Approach. *Economic Journal*, 108(450):1381—403.

[49] Aghion P, Howitt P. 1992. A Model of Growth through Creative Destruction. *Econometrica*, 60:323—351.

[50] Aghion P, Howitt P. 1998. *Endogenous Growth Theory*. Cambridge, Mass.: MIT Press.

[51] Aghion P, Saint-Paul G. 1998. Virtues of Bad Times: Interaction between Productivity Growth and Economic Fluctuations. *Macroeconomic Dynamics*, 2(3):322—344.

[52] Aigner D, Lovell C A K, Schmidt P. 1977. Formulation and Estimation of Stochastic Frontier Production Function Models. *Journal of Econometrics*, 6:21—37

[53] Allen F, QIAN Jun, QIAN Meijun. 2004. *Law, Finance, and Economic Growth in China*. Philadelphia, PA: U of Penn, Inst for Law & Econ.

[54] Amaral P, MacGee J. 2002. The Great Depression in Canada and the United States: A Neoclassical Perspective. *Review of Economic Dynamics*, 5(1):45—72.

[55] Angeletos G. 2007. Uninsured Idiosyncratic Investment Risk and Aggregate Saving. *Review of Economic Dynamics*, 10:1—30.

[56] Aoki S. 2008b. *A Simple Accounting Framework for the Effect of Resource Misallocation on Aggregate Productivity*. Munich, Germa-

ny: MPRA.

[57] Arellano M, Bond S. Some Tests of Specification for Panel Data: Monte Carlo Evidence and an Application to Employment Equations [J]. *Review of Economic Studies*, 58:277—297.

[58] Arrow K. 1964. The Role of Security in Optimal Allocation of Risk Bearing. *Review of Economic Studies*, 31:91—96.

[59] Ayyagari M, Demirgü-Kunt A, Maksimovic A. 2008. *Formal Versus Informal Finance: Evidence from Chin*. Washington D.C.: World Bank.

[60] Backus D, Kehoe P J, Kehoe T J. 1992. In Search of Scale Effects in Trade and Growth. *Journal of Economic Theory*, 58:377—409.

[61] Baily M, Hulten C, Campbell D. 1992. Productivity Dynamics in Manufacturing Plants. *Brooking Papers on Economic Activity-Microeconomics*: 187—267.

[62] Banerjee A, Duflo E. 2005. Growth Theory through the Lens of Development Economics. *Handbook of Economic Growth*, Elsevier, Vol 1A, Chapter 7.

[63] Barro R J, Sala-i-Martin X. 1991. Convergence across States and Regions. *Brookings Papers on Economic Activity* 1:107—182.

[64] Barro R, Lee J. 1994. International Comparisons of Educational Attainment. *Journal of Monetary Economics*, 32(3):363—94.

[65] Barro R, Lee J. 2010. A New Data Set of Educational Attainment in the World, 1950—2010. *NBER Working Paper 15902*, National Bureau of Economic Research Inc.

[66] Bartelsman E, Haltiwanger J, Scarpetta S. 2013. Cross-Country Differences in Productivity: The Role of Allocation and Selection.

American Economic Review, 103(1):305—334.

[67] Basu S, Fernald J G. 2002. Aggregate Productivity and Aggregate Technology. *European Economic Review*, 46:963—991.

[68] Baumol W J. 1986. Productivity Growth, Convergence, and Welfare: What the Long-Run Data Show. *American Economic Review*, 76: 1072—1085.

[69] Beck T, Demirguc-Kunt A, Levine R. 2000. A New Database on the Structure and Development of the Financial Sector. *World Bank Economic Review*, 14:597—605.

[70] Becker G. 1957. *The Economics of Discrimination*. Chicago, IL, USA: The University of Chicago Press.

[71] Bellman R. 1957. *Dynamic Programming*. Princeton, N.J.: Princeton University Press.

[72] Benhabib J, Spiegel M M. 1994. The Role of Human Capital in Economic Development: Evidence from Aggregate Cross-Country Data. *Journal of Monetary Economics*, 34(2):143—73.

[73] Bernanke B. 1983. Nonmonetary Effects of the Financial Crisis in the Propagation of the Great Depression. *American Economic Review*, 73(3):257—276.

[74] Bernstein M. 1987. The Great Depression: *Delayed Recovery and Economic Change in America, 1929—1939*. Cambridge University Press.

[75] Bertrand, M, Goldin C, Katz L F. 2010. Dynamics of the Gender Gap for Young Professionals in the Financial and Corporate Sectors. *American Economic Journal*: Applied Economics, 2(3):228—55.

[76] Bils M, Klenow P. 1998. Does Schooling Cause Growth or the Other

Way Around? *NBER Working Papers 6393*, National Bureau of Economic Research, Inc.

[77] Blackwell D. 1965. Discounted Dynamic Programming. *Annals of Mathematical Statistics*, 36:226—235.

[78] Bloom N. 2007. Uncertainty and the Dynamics of R&D. *American Economic Review*, 97(2):250—255.

[79] Bosworth B, Collins S M. 2008. Accounting for Growth: Comparing China and India. *Journal of Economic Perspectives*, 22(1):45—66.

[80] Brandt L, Biesebroeck V, Johannes et al. 2012. Creative Accounting or Creative Destruction? Firm-Level Productivity Growth in Chinese Manufacturing. *Journal of Development Economics*, 97:339—351.

[81] Brandt L, Li H. 2003. Bank discrimination in Transition Economics: Ideology, Information, or Incentives? *Journal of Comparative Economics*, 31:387—413.

[82] Brandt L, Tombe T, Zhu X. 2011. *Factor Market Distortions Across Time*. University of Toronto,Canada: Department of Economics.

[83] Brandt L, Zhu X. 2010. *Accounting for China's Growth*. University of Toronto, Canada: Department of Economics.

[84] Buera F J, Kaboski J P, Shin Y. 2011. Finance and Development: A Tale of Two Sectors. *American Economic Review*, 101(5):1964—2002

[85] Buera F J, Moll B. 2013. Aggregate Implications of a Credit Crunch. *NBER Working Papers 17775*, National Bureau of Economic Research, Inc.

[86] Camacho A, Conova E. 2010. *Misallocation and productivity in Colombia Manufacturing Industries*. Inter-American Development Bank Working Paper.

[87] Card D, Krueger A B. 1991. School Quality and Black-White Relative Earnings: A Direct Assessment. *The Quarterly Journal of Economics*, 107(1):151—200.

[88] Casacuberta C, Gandelman G. 2009. *Productivity, Exit and Crisis in Uruguayan Manufacturing and Services Sector*. Uruguay: Universidad, ORT.

[89] Caselli F, Esquivel G, Lefort F. 1996. Reopening the Convergence Debate: A New Look at Cross-country Growth Empirics. *Journal of Economic Growth*, 1(3):363—389.

[90] Caselli F. 2005. *Accounting for Cross-Country Income Differences*. CEP Discussion Paper No.667, London: The Centre for Economic Performance Publications Unit.

[91] Cass D. 1965. Optimum Growth in an Aggregate Model of Capital Accumulation. *Review of Economic Studies*, 32:233—240.

[92] Caves D W, Christensen L R, Diewert W E. 1982. The Economic Theory of Index Numbers and the Measurement of Input, Output, and Productivity. *Econometrica*, 50(6):1393—1414.

[93] Chamberlin E. 1933. *The Theory on Monopolistic Competition*. Cambridge, Mass.: Harvard University Press.

[94] Chari V V, Kehoe P J, McGrattan E R. 2007. Business Cycle Accounting. *Econometrica*. 75(3):781—836.

[95] Chen K, Irarrazabal A. 2012. *Misallocation and the Recovery of Manufacturing TFP after a Financial Crisis*. Emory University, Department of Economics.

[96] Clark G. 1987. Why Isn't the Whole World Developed? Lessons From the Cotton Mills. *Journal of Economic History*, 47:187—212.

[97] Cole H, Ohanian L. 2000. Reexamining the Contributions of Monetary and Banking Shocks to the U. S. Great Depression. *NBER Macroeconomics Annual* 2000, 15:183—260.

[98] Collins S, Bosworth B. 1996. Economic Growth in East Asia: Accumulation versus Assimilation. *Brookings Papers on Economic Activity* 2:135—191.

[99] Dasgupta A. 1989. *Reports on Informal Credit Markets in India*: Summary. New Delhi: National Institute of Public Finance and Policy.

[100] Davis S J, Haltiwanger J, Schuh S.1996. Job Creation and Destruction. Cambridge MA: MIT Press. Davis S J, Haltiwanger J. 1992. Gross Job Creation, Gross Job Destruction, and Employment Reallocation. *Quarterly Journal of Economics*, 107(3):819—863.

[101] De Long J B. 1988. Productivity Growth, Convergence, and Welfare: Comment. *American Economic Review*, 78(5):1138—1154.

[102] Debreu G. 1959. Theory of Value. New York: Wiley. Dinopoulos Elias, Thompson P. 1998. Schumpterian Growth without Scale Effects. *Journal of Economic Growth*, 3:313—335.

[103] Dixit A K, Stiglitz J E. 1977. Monopolistic Competition and Optimum Product Diversity. *American Economic Review*, 67:297—308.

[104] Eaton J, Kortum S S. 2002. Technology, Geography, and Trade, *Econometrica*. 70(5):1741—1779.

[105] Ebeke C, Omgba L D, Laajaj R. Oil, *Governance and the Missallocation of Talents in Developing countries*. Washington D.C. USA: International Monetary Fund.

[106] Erosa A, Koreshkova T, Restuccia D. 2009. *How Important Is Human Capital? A Quantitative Theory Assessment of World In-*

come Inequality. Department of Economics, Concordia University.
[107] Evans D, Jovanovic B. 1989. An Estimated Model of Entrepreneurial Choice under Liquidity Constraints. *Journal of Political Economy*, 97(4):808—827.
[108] Farrell D, Lund S, Rosenfeld J, et al. 2006. *Putting China's Capital to Work: The Value of Financial System Reform*. New York, NY: McKinsey & Company.
[109] Fernald J, Neiman B. 2011. Growth Accounting with Misallocation: Or, Doing Less with More. *American Economic Journal: Macroeconomics*, 3(2):29—74.
[110] Field A. 2011. A Great Leap Forward: *1930s Depression and U.S. Economic Growth*. Yale University Press.
[111] Foster L, Grim C, Haltiwanger J. Reallocation in the Great Recession: Cleansing or Not? Center for Economic Studies, U.S. Census Bureau, Working Papers, No.13—42.
[112] Friedman M, Schwartz A. 1971. *A Monetary History of the United States: 1867—1960*. Princeton, USA: Princeton University Press.
[113] Fukuyama F. 1992. The End of History and the Last Man. New York, USA: Free Press.Gennaioli N, Porta R L, Florencio L et al. 2012. Human Capital and Regional Development.
[114] Gollin D. 2002. Getting Income Shares Right. *Journal of Political Economy*, 110(2):458—74.
[115] Gorman W M. 1953. Community Preference Fields. *Econometrica*, 21:63—80.
[116] Gorman W M. 1959. Separable Utility and Aggregation. *Econometrica*, 71:469—481.

[117] Gorman W M. 1976. *Tricks with Utility Functions*. In Essays in Economic Analysis, Cambridge: Cambridge University Press, 212—243.

[118] Gorman W M. 1980. *Some Engel Curves*. In Essays in Theory and Measurement of Consumer Behavior, Cambridge: Cambridge University Press, 7—29.

[119] Greenwood J, Sanchez J, Wang C. 2010. Quantifying the Impact of Financial Development on Economic Development. Cambridge, MA: NBER.

[120] Griliches Z, Jorgenson D W. 1967. The Explanation of Productivity Change. *Review of Economic Studies*, July 1967, 34(99):249—283.

[121] Grossman G M, Helpman E. 1991a. Quality Ladders in the Theory of Growth. *Review of Economic Studies*, 68:43—61.

[122] Hall B, Jones C. 1999. Why Do Some Countries Produce So Much More Output Per Worker Than Others? *Quarterly Journal of Economics*, 114(1):83—116.

[123] Harberger A C. 1978. Perspectives on Capital and Technology in Less Developed Countries. *Contemporary Economic Analysis*, London.

[124] Harrison A. 1996. Openness and Growth: A Time-Series, Cross-Country Analysis for Developing Countries. *Journal of Development Economics*, 48(2):419—47.

[125] Hendricks L. 2002. How Important Is Human Capital for Development? Evidence from Immigrant Earnings. *American Economic Review*, 92(1):198—219.

[126] Heston Alan, Summers R, Aten B. 2002. *Penn World Tables Version 6.1*. Center for International Comparisons at the University of

Pennsylvania.

[127] Hsieh C, Hurst E, Jones C I et al. 2013. *The Allocation of Talent and U.S. NBER Working Papers 18693*, National Bureau of Economic Research, Inc.

[128] Hsieh C, Klenow P J. 2009. Misallocation and Manufacturing TFP in China and India. *Quarterly Journal of Economics*, 124:1403—1448.

[129] Hsieh C, Klenow P J. 2010. Development Accounting. *American Economic Journal: Macroeconomics* 2010, 2(1):207—223.

[130] Hsieh C, Klenow P J. 2007. Relative Prices and Relative Prosperity. *American Economic Review*, 97(3):562—85.

[131] Hsieh C. 2002. What Explains the Industrial Revolution in East Asia? Evidence from the Factor Markets. *American Economic Review*, 92:502—526.

[132] Islam N, Dai E. 2006. *Alternative Estimates of TFP Growth in Mainland China: An Investigation Using the Dual Approach*. International Center for the Study of East Asian Development (ICSEAD), Japan.

[133] Islam N. 1998. Growth Empirics: A Panel Data Approach. *Quarterly Journal of Economics*, 110(4):1127—1170.

[134] Johnson S, McMillan J, Woodruff C. 2002. Property Rights and Finance. *American Economic Review*, 92(5):1335—1356.

[135] Jones C I. 1995a. R & D-Based Models of Economic Growth. *Journal of Political Economy*, 103(4):759—784.

[136] Jones C I. 1995b. Time Series Tests of Endogenous Growth Models. *The Quarterly Journal of Economics*, 110(2):495—525

[137] Jones C I. 2011. Misallocation, Economic Growth, and Input-

Output Economics. NBER *Working Papers 16742*, Cambridge, MA: National Bureau of Economic Research, Inc.

[138] Jorgenson D W, Vu K. 2010. Potential Growth of the World Economy. *Journal of Policy Modeling*, 32(5):615—631.

[139] Judson R. 1996. Measuring Human Capital Like Physical Capital: What Does It Tell Us? *Bulletin of Economic Research*, 54(3): 209—231.

[140] Justiniano A, Primiceri G E, Tambalotti A. 2011. Investment Shocks and the Relative Price of Investment. *Review of Economic Dynamics*, 14(1):101—121.

[141] Kalemli-Ozcan S, Sorensen B E. 2012. Misallocation, Property Rights, and Access to Finance: Evidence from Within and Across Africa. NBER *Working Papers 18030*, National Bureau of Economic Research, Inc.

[142] Karabel J. 2005. *The Chosen: the Secret History of Admission and Exclusion at Harvard, Yale, and Princeton*. New York, NY, USA: Houghton Mifflin Harcourt, 2005.

[143] Kehoe T, Prescott E. 2002. Great Depressions of the 20th Century. *Review of Economic Dynamics* 5, 1—18.

[144] Khan A, Thomas J K. 2013. *Credit Shocks and Aggregate Fluctuations in an Economy with Production Heterogeneity*. Department of Economics, Ohio State University.

[145] Kim J and Lau L. 1994. The Sources of Economic Growth of the East Asian Newly Industrialized Countries. *Journal of the Japanese and International Economics*, 8(3):235—271.

[146] Kiyotaki N, Moore J. 2012. Liquidity, Business Cycles, and Mone-

tary Policy. NBER *Working Papers 17934*, National Bureau of Economic Research, Inc.

[147] Klenow P J, Rodríguez-Clare A. 1997. *The Neoclassical Revival in Growth Economics: Has It Gone Too Far?* In NBER MacroeconomicsAnnual, Cambridge, MA: MIT Press.

[148] Klenow P J, Rodríguez-Clare A. 2004. Externalities and Economic Growth [M]. *Handbook of Economic Growth, Amsterdam: Elsevier*, Vol. 1, Chap. 11.

[149] Knack S, Keefer P. 1995. Institutions and Economic Performance: Cross-Country Tests Using Alternative Measures. *Economics and Politics*, 7(3):207—27.

[150] Knight M, Loyaza N, Villanueva D. 1993. Testing the Neoclassical Theory of Economic Growth: A Panel Data Approach. *International Monetary Fund Staff Papers*, 40(3):512—541.

[151] Koopmans T C. 1965. *On the Concept of Optimal Economic Growth*. In The Econometric Approach to Development Planning, Amsterdam: North-Holland, 225—295.

[152] Kortum S. 1997. Research, Patenting and Technological Change. *Econometrica*, 55:1389—1431.

[153] Kraus A, Litzenberger R H. 1973. A State-Preference Model of Optimal Financial Leverage. *Journal of Finance*, 911—922.

[154] Krugman P. 1994. The Myth of Asia's Miracle. *Foreign Affairs*, 73(6):62—78.

[155] Kuznetz S. 1966. *Economic Growth and Structure: Selected Essays by Simon Kuznetz*. London: Heinemann.

[156] Lucas R E. 1978. On the Size Distribution of Business Firms. *The*

Bell Journal of Economics, 9(2):508—523.

[157] Lucas R E. 1988. On the Mechanics of Economic Development. *Journal of Monetary Economics*, 22:3—42.

[158] Lucas R E. 1990. Why Doesn'T Capital Flow from Rich to Poor Countries. *American Economic Review*, 80(2):92—96.

[159] Machicado C, Birbuet J C. 2011. *Misallocation and manufacturing TFP in the market Liberalization Period of Bolivia*. La Paz, Bolivia: Institute for Advanced Development Studies.

[160] Mankiw N G, David R, David N W. 1992. A Contribution to the Empirics of Economic Growth. *Quarterly Journal of Economics*, 107:407—437.

[161] Manuelli R, Seshadri A. 2010. "*Human Capital and the Wealth of Nations*." Department of Economics, University of Wisconsin-Madison.

[162] Marris Robin. 1982. *How Much of the Slowdown Was Catch-Up*? In Slower Growth in the Western World, London: Heinemann.

[163] Marshall Alfred. [1890]. *Principles of Economics*. 1949 edition, London: Macmillan.

[164] Mas-Colell A, Whinston W D, and Green J R. 1995. *Microeconomic Theory*. New York: Oxford University Press.

[165] Mauro P. 1995. Corruption and Growth. *Quarterly Journal of Economics*, 110(3):681—712.

[166] McFadden D. 1974. *Conditional Logit Analysis of Qualitative Choice Behavior*. P. Zarembka, ed. Frontiers of Econometrics, New York, NY: Academic Press, 105—142.

[167] Melitz M J. 2003. The Impact of Trade on Intra-Industry Reallocations and Aggregate Industry Productivity. *Econometrica*, 71:

1695—1725.

[168] Midrigan V, Xu D. 2013. Finance and misallocation: evidence from plant-level data. *American Economic Review*, forthcoming accepted papers.

[169] Romer P M. 1987. Growth Based on Increasing Returns Due to Specialization. *American Economic Review*, 77:56—62.

[170] Romer P M. 1990. Endogenous Technological Change. *Journal of Political Economy*, 98(1):S71—S102.

[171] Romer P M. 1993. Idea Gaps and Object Gaps in Economic Development. *Journal of Monetary Economics* 32(3):543—573.

[172] Rosenstein-Rodan P N. 1943. The Problem of Industrialization of Eastern and South-Eastern Europe. *Economic Journal*, 53:202—211.

[173] Schreyer P, Dupont J, Koh S et al. 2011. *Capital Stock Data at the OECD—Status and Outlook*. OECD online mimeo.

[174] Segerstrom P S. 1998. Endogenous Growth without Scale Effects. *American Economic Review*, 88:1290—1310.

[175] Sengupta P. 1998. Corporate Disclosure Quality and the Cost of Debt. *The Accounting Review*, 73(4):459—474

[176] Shapiro, Matthew D. 1987. Are Cyclical Fluctuation in Productivity Due Moreto Supply Shocks or Demand Shocks? *American Economic Review*(Papers and Proceedings), 77(2):118—124.

[177] Solow R M. 1956. A Contribution to the Theory of Economic Growth. *Quarterly Journal of Economics* 70:65—94.

[178] Stokey N, Lucas R E, Prescott E C. 1989. *Recursive Methods in Economic Dynamics*. Cambridge, Mass.: Harvard University Press.

[179] Summers R, Heston A. 1988. A New Set of International Compari-

sons of Real Product and Price Levels: Estimates for 130 Countries, 1950—1985. *Rev. Income and Wealth*, 34:1—25.

[180] Swan T W. 1956. Economic Growth and Capital Accumulation. *Economic Record* 32:334—361.

[181] Syrquin M. 1986. *Productivity growth and factor reallocation in Industrialization and Growth: A Comparative Study*. New York: Oxford University Press, 229—262.

[182] Tybout J. 2000. Manufacturing Firms in Developing Countries: How Well Do They Do, and Why? *Journal of Economic Literature*, 38(1):11—44.

[183] Valentinyi A, Herrendorf B. 2008. Measuring Factor Income Shares at the Sectoral Level. *Review of Economic Dynamics*, 11(4):820—835.

[184] Wolcott S. 1994. The Perils of Lifetime Employment Systems: Productivity Advance in the Indian and Japanese Textile Industries. *Journal of Economic History*, 54:307—324.

[185] Young A A. 1928. Increasing Returns and Economic Progress. *Economic Journal*, 28.

[186] Myers S C, Majluf N. 1984. Corporate Financing and Investment Decisions when Firms Have Information that Investors Do Not Have. *Journal of Financial Economics*, 13:187—221.

[187] Nelson R R. 1956. A Theory of the Low Level Equilibrium Trap. *American Economic Review*, 46:894—908.

[188] Neumeyer P, Sandleris G. 2010. *Understanding Productivity during the Argentine Crisis*. Buenos Aires, Argentine: Business School, Torcuato Di Tella University.

[189] Nurkse R. 1953. *Problems of Capital-Formation in Underdeveloped*

Countries. 1962 edition, New York: Oxford University Press.

[190] Ofer G. 1987. Soviet Economic Growth: 1928—1985. *Journal of Economic Literature*, 25(4):1767—1833.

[191] Ohanian L E. 2010. The Economic Crisis from a Neoclassical Perspective. *Journal of Economic Perspectives*, 24(4):45—66.

[192] Olley S, Pakes A. 1996. The Dynamics of Productivity in the Telecommunications Equipment Industry. *Econometrica*, 64:1263—1298.

[193] Ouyang M. 2011. On the Cyclicality of R & D. *The Review of Economics and Statistics*, 93(2):542—553.

[194] Peretto P F. 1998. Technological Change and Population Growth. *Journal of Economic Growth*, 3(4):283—311.

[195] Pollak R. 1971. Additive Utility Functions and Linear Engel Curves. *Review of Economic Studies*, 38:401—413.

[196] Poschke M. 2008. Who Becomes an Entrepreneur? Labor Market Prospects and Occupational Choice. *IZA Discussion Paper No. 3816*.

[197] Poschke M. 2010. Entrepreneurs out of Necessity: A Snapshot. *IZA Discussion Paper No.4893*.

[198] Pritchett L. 2001. Where Has All the Education Gone? *World Bank Economic Review*, 15(3):367—391.

[199] Psacharopoulos G. 1994. Returns to Investment in Education: A Global Update. *World Development* 22(9):1325—1343.

[200] Ranasinghe A. 2012. *Property Rights, Extortion and the Misallocation of Talent*. Manitoba, Canada: Department of Economics, University of Manitoba.

[201] Restuccia D, Rogerson D. 2008. Policy Distortions and Aggregate Productivity with Heterogeneous Plants. *Review of Economic Dy-*

namics, 11:707—720.

[202] Restuccia D. 2013. The Latin American Development Problem: An Interpretation. *Economía*, 13(2):69—100.

[203] Restuccia D. 2013. The Latin American Development Problem: An Interpretation. *Economía*, 13(2):69—100.

[204] Rodrik D. 1999. Where Did All the Growth Go? *Journal of Economic Growth*, 4(4):385—412.

[205] Romer P M. 1986. Increasing Returns and Long-Run Growth. Journal of Political Economy, 94: and Singapore. *NBER Macroeconomics Annual* 1992. Cambridge, MA: MIT Press, 1992, pp.13—54.

[206] Young A. 1994. Accumulation, Exports and Growth in High-Performing Asian Economies. *Journal of Monetary Economics*, 40(1): 237—250.

[207] Young A. 1995. The Tyranny of Numbers. *Quarterly Journal of Economics*, 110:641—680.

[208] Young A. 1998. Growth without Scale Effects. *Journal of Political Economy*, 106:41—63.

[209] Zhou X. 2011. *A Few Thoughts on Market-based Interest Rate Reform*. Beijing: People's Bank of China.

[210] Zhu X. 2012. Understanding China's Growth: Past, Present, and Future. *Journal of Economic Perspectives*, 26(4):103—124.

[211] Ziebarth N L. 2012. *Misallocation and Productivity during the Great Depressio*. Chicago, IL, USA: Northwestern University.

[212] Ziebarth N. 2013. Are China and India Backwards? Evidence from the 19th Century U.S. Census of Manufactures. *Review of Economic Dynamics*, 16(1):86—99.

[213] Hsieh C T, Klenow P. Misallocation and Manufacturing TFP in China and India. *Quarterly Journal of Economics*, 2009, 124(4):1403—1448.

[214] Hopper W D. Allocation efficiency in a traditional Indian agriculture. *Journal of Farm Economics*, 1965, 47(3):611—624.

[215] Sahota G S. Efficiency of resource allocation in Indian agriculture. *American Journal of Agricultural Economics*, 1968, 50(3):584—605.

[216] John J R. Sectoral. Elasticities of Substitution between Capital Labor in a Developing Economy: Time Series Analysis in the Case of Post War Chile. *Econometrist*, 1971, 40(2):311—326.

[217] Tobin J. Inflation and unemployment. *American Economic Review*, 1972, 62(1/2):1—18.

[218] McKinnon R. *Money and Capital in Economic Development*, Brookings Institution Press, 1973.

[219] Kornai J. The Hungarian reform process: visions, hopes, and reality. *Journal of Economic Literature*, 1986, 24:1687—1737.

[220] Defina R. Unions relative wage and economic efficiency. *Journal of Labor Economics*, 1983, 1(4):408—429.

[221] Kumbhakar S C. Allocative Distortions, Technical Progress, and Input Demand in U.S. Airlines: 1970—1984. *International Economic Review*, 1992, 33(3):723—737.

[222] Temple J R W. *Dual Economy Models: a Primer for Growth Economists*. The Manchester School, 2005, 73(4):435—478.

[223] Rogerson R. Structural Transformation and the Deterioration of European Labor Market Outcomes. *Journal of Political Economy*,

2008, 116(2):235—259.

[224] McKinnon R. Financial Growth and Macroeconomic Stability in China. 1978—1992: Implications for Russia and Other Transitional Economies. *Journal of Comparative Economics*, 1994, 18(3):438—468.

[225] Rodrik D. *Who Needs Capital Account Convertibility*? Princeton Essays in International Finance. 1998.

[226] Huang Y, Wang X. Does Financial Repression Inhibit or Facilitate Economic Growth? A Case Study of Chinese Reform Experience. *Oxford Bulletin of Economics and Statistics*, 2011, 73(6):833—854.

[227] Papaioannou E. What Drives International Financial Flows? Politics, Institutions and Other Determinants. *Journal of Development Economics*, 2009, 88(2):269—281.

[228] Barro R, Lee J. A New Data Set of Educational Attainment in the World, 1950—2010. *NBER Working Paper*, 2010, *No:15902*.

[229] Broner F, Ventura J. Rethinking the Effects of Financial Liberalization[D]. *NBER Working Paper*, *2010*, *No:16640*.

[230] Hall R., Jones C. Why Do Some Countries Produce So Much More Output Per Worker Than Others? [J]. *Quarterly Journal of Economics*. 1999, 114:83—116.

[231] Aoki Shuhei. A Simple Accounting Framework for the Effect of Resource Misallocation on Aggregate Productivity[R]. MPRA Paper, 2008.

[232] Miyagawa T, K. Fukao, S. Hamagata and M. Takizawa. Efficiency of Sector-level Resource Allocation(in Japanese)[A]. Fukao K and T. *Miyagawa. Productivity and Japan's Economic Growth*: *In-*

dustry-Level and Firm-Level Studies Based on the JIP Database[C]. Tokyo: University of Tokyo Press, 2008.

[233] Acemoglu D, Aghion P, and Zilibotti F. Distance to frontier, selection, and economic growth[J]. *Journal of the European Economic Association*, 2006, Vol.4(1): 37—74.

[234] Gerschenkron A, *Economic Backwardness in Historical Perspective* [R]. Harvard university press, 1962.

图书在版编目(CIP)数据

适宜制度对要素配置效率的影响研究:基于转型国家视角的理论分析与实证检验/王强著.—上海:上海人民出版社,2020
(上海海关学院学术文库)
ISBN 978-7-208-16855-8

Ⅰ.①适… Ⅱ.①王… Ⅲ.①经济体制改革-影响-全要素生产率-研究-中国 ②中国经济-经济发展-研究
Ⅳ.①F249.22 ②F124

中国版本图书馆CIP数据核字(2020)第239681号

责任编辑 赵蔚华
封面设计 张志全工作室

上海海关学院学术文库
适宜制度对要素配置效率的影响研究
——基于转型国家视角的理论分析与实证检验
王强 著

出　　版 上海人民出版社
(200001 上海福建中路193号)
发　　行 上海人民出版社发行中心
印　　刷 常熟市新骅印刷有限公司
开　　本 720×1000 1/16
印　　张 10.5
插　　页 4
字　　数 129,000
版　　次 2021年1月第1版
印　　次 2021年1月第1次印刷
ISBN 978-7-208-16855-8/F·2670
定　　价 45.00元